メンタリスト
DaiGo

ムダに悩まない理想の自分になれる

超客観力

JN082768

repicbook

人生最強の能力『超客観力』で悩まない人生の羅針盤を手に入れる！

「自分勝手」「自己中」「一人よがり」「ワガママ」など、客観性のない人が現代社会において高く評価されることはありません。では、常に客観的な態度を保ちながら行動できるという人はどれくらいいるのでしょうか。残念ながら、ほとんどいないというのが実状です。

客観力は人生においてとても重要な能力で、自分自身のことをよく理解している『セルフコンセプト・クラリティ』が高い人ほど人生の満足度や、仕事の生産性が高く、人生に明確な目標を持って生き生きと暮らし、ストレスレベルも全体的に低いという傾向があるそうです。このように客観力の重要性は科学的にも証明されてはいるものの、「お金が欲しい」「仕事で成果をあげたい」などの願いと同じレベルで求める人がほとんどいないのはなぜでしょうか？　そこには客観力を邪魔する3つの思い込みがあるからです。

人生最強の能力ともいえる客観力を磨かないなんて、もったいないと思いませんか？

本書の最終的な目的は、自分自身を知る能力を高め、人類特有の思い込みから脱し、本来の『客観力』を取り戻すことにあります。正しい情報を見抜くことが難しくなっている現代において、この能力は、あなたの人生の質をさらに向上させる助けになってくれるはずです。

もちろん、すべてのノウハウに心理学や脳科学をはじめとする科学的根拠があることは、これまでの私の本と同様です。しかもリサーチには、これまで以上に時間とお金をかけていますので、一般的な自己啓発本との違いは一読すればおわかりいただけると思います。

それでは、本書の展開と内容について、簡単に説明しておきます。

■第1章　客観性に関する3つの思い込み

最初の章では、誰もが頭では客観性は大事だと考えているにもかかわらず、心の底から「客観力が欲しい」とは願っていない「客観力」に関する3つの思い込みと、「客観力」を保つために欠かせない2大要素について説明します。

Googleや Amazonのような大企業も重視し、ビジネスにおいて高いパフォーマンスを発揮するための手助けとなる「客観力」の本質について詳細に解説します。

■第2章　自分を知る6つの質問と価値観リスト

客観力を高めるためには、自己理解を深めることが最初のステップになります。自分はどのような価値観や情熱を持った人間なのか？　自分は無意識のうちにどのような行動を取っているのか？　これらの情報を客観的に把握することが人生の満足度につながります。この章では、「価値観リスト」や「自分の価値観を知るための6つの質問」を用いて、自分の価値観をより明確に浮かび上がらせていきます。

■第3章　「自分はどんな人間か？」を掘り下げまくる「内観」の技術

この章では、セルフコンセプト・クラリティを高めるべく、「内観」の技術を磨いていきます。「内観」とは自分自身の内面や行動を観察するテクニックの総称のことで、まずは「内観に役立つ19の質問」を使って自己認識を見つめ直し、「共感マップ」であなたが気づいていなかった価値ある情報を浮き彫りにします。また、「ペルソナ法」という自己像が明確になる簡単に試せるテクニックについても紹介します。

■第4章　自己省察スキルを高めるトラッキングテクニック

この章では、客観的な思考を曇らせる原因を特定するためのテクニックについて紹介します。自分はどんなときに落ち込むのか、何にストレスを感じるのか、自分の睡眠の邪魔をするのは何なのかといった、「感情の変化」と「肉体の変化」という2つの大きな変化を意識して把握します。日々のストレスをトラッキングできる「デイリー・ムード・チャート」や、より深く理解するための「ストレス・レコード」、「睡眠の質」の記録や「活動レベル」の指標となる「ＮＥＡＴレベルを判断する36問」などを活用することで、自己認識を向上させ、常に客観力を維持できるようになります。

■第５章　客観力の最大の敵「反すう思考」に立ち向かう方法

「客観力」は、いったん鍛えれば万事ＯＫというわけではなく、放っておけばすぐにまた能力が低下していくものです。そして「客観力」を奪う最大の原因に「反すう思考」があります。ここで言う「反すう」とは、自分の欠点や過去の失敗をくり返し考え続けてしまう現象のことで、「反すう思考」が鬱病《うつびょう》の最大原因のひとつとも考えられています。この章では「反すう思考テスト」を用いて自分の現状を把握し、心理療法の世界で開発されている「反すう思考」に立ち向かう方法のうち、もっとも手軽な３つに絞って紹介します。

■第6章　Googleが最重要視！　最強の判断力を手に入れる方法【知的謙遜】

この章では、Googleのような先端企業が重要視する「知的謙遜」について説明します。実は知的な謙虚さがないと自分が犯した失敗から改善点を学ぶことができず、いつまでたっても客観的な力が育たないことがわかっています。

「知的謙遜」を計測するための22問で、自分の「知的謙遜」レベルを認識したら、知的謙遜を高める2大トレーニングにより、能力を伸ばすための具体的な方法について解説します。「知的謙遜」を高めることで、客観的なバランスの取れた考え方ができるようになります。

■第7章　知的謙遜が身につく10のエクササイズ

現代の暮らしにおいては、わからないことがあってもインターネットで調べればすぐに手軽な答えが得られるため、初めて知った情報であるにもかかわらず、その知識を以前から知っていたかのように思い込んでしまうという「勘違い」を脳が引き起こす危険性があります。このため、「自分はいろいろな情報を知っている人間なのだ」という感覚が生まれ、客観的にものごとを見つめる能力が下がってしまうのです。

この章では、現代でも「知的謙遜」の姿勢をキープし続けられるように、知的謙遜が身につく10のエクササイズについて一緒に実践していきます。

■**第8章　他者の知的謙遜を育てるための「ソクラテス式問答」**

最終章では、自分ではなく「他者」にフォーカスし、あなたの周囲の人たちに「自己省察」と「知的謙遜」の2つをうながす手法について説明します。皆さんのなかには、「他人の客観性をトレーニングできたらいいのに」といった希望をお持ちの方も少なくないと思います。学校の生徒や会社の部下、あなたのお子さん、について、実践例を参考に、知的謙遜を導くためのテクニックとして、「ソクラテス式問答」という会話術をお伝えします。

本当の自分を知ることで、ムダに悩まない理想の自分を手に入れられる「超客観力」。この能力は、あなたの人生の羅針盤として働いてくれるはずです。

では、さっそくはじめましょう。

メンタリスト　DaiGo

目次

CHAPTER 02

CHAPTER 03

CHAPTER 04

CHAPTER 05

CHAPTER 06

CHAPTER 07

CHAPTER 08

CHAPTER 01

客観性に関する3つの思い込み

客観的にものごとを考えてみましょう。

そのようなアドバイスをよく耳にします。自分だけの思い込みにとらわれずに一歩引いたところから考えてみる。それができれば、確かに悩みやトラブルは解決しやすくなるでしょう。

たとえば、あなたの友人が急に嫌なことを言ってきてケンカになったような場面では、「私は何も悪くないのに」と自分だけの思いにこだわり続けてしまうと、いっこうに事態は解決しません。もしかしたら、あなたは知らないうちに友人を不快にさせたのかもしれませんし、友人がなんらかの勘違いをしているのかもしれないからです。

このような状況では、気持ちをグッとこらえて客観的な視点を保ち、相手の立場からものごとを考えてみる態度がどうしても必要になります。

その点で「客観力」の大事さを疑う人はいないでしょうが、**常に客観的な態度を保ちながら行動できている人はほとんどいません。**

記者会見でいきなり差別的な発言をして炎上する政治家、SNSにバイトテロ写真をアップして袋叩きにあう若者、怒りをコントロールできずに暴言を吐いて謹慎に追い込まれた芸能人………。

これらの問題が起きるのは、いずれも一時の思い込みや感情に流されて、冷静な視線を失ってしまうからです。

かくいう私も、決して客観性に自信があるタイプではありません。

そう言うと、「あれだけテレビで芸能人の表情や思考を冷静に分析できているのに？」と驚かれますが、あれはあくまで前もって番組の企画書を読み、ちゃんと心の準備をするから可能なのです。

もし自分でも予想だにしなかったトラブルが起きれば、やはり私も冷静ではいられません。皆さんと同じように激しい感情に襲われ、客観的な視点を保つのは非常に難しくなります。

客観力を失いがちなのは過去の偉人たちも同じで、例えば発明王のトーマス・エジソンは遊園地の象を電気ショックで殺す映画を公開して全米から批判を浴びたり、精神分析で有名なフロイトはコカイン研究の途中で自分が依存症になり、周囲から不審な目で見られるようになってしまいました。**どれだけ優秀な頭脳を持っていようが、ふとしたときに冷静な判断力をなくして人生の大事な期間を棒に振る瞬間は訪れます。**

それぐらい、私たちにとって「客観力」を身につけるのは大変な作業なのです。

誰もが持つ3つの思い込みとは？

それにしても、なぜ私たちは客観的な思考が苦手なのでしょうか？　人生の成功に欠かせない能力であるにもかかわらず、どうして多くの人はつい冷静さを欠いた行動をとってしまうのでしょうか？

感情のコントロール能力がないからか、それとも論理的な考え方を学んでいないからなのか、はたまた長期的な計画力がないからなのか……。

確かに、そのいずれもが客観性のジャマをする原因のひとつではありますが、実はその前にもっと根深い問題が隠されています。この問題を最初に解決しない限り、私たちは一段上の客観力を手に入れることはできません。果たして、どのような問題だと思われるでしょうか？

その問題とは、ズバリ「**そもそもみんな客観性を手に入れたいと思っていない**」というものです。

「何を言ってるんだ？」と思われたかもしれません。先にも見たとおり客観性の重要さは誰もが指摘するところですし、そもそもあなたは「客観力を高めたい」と思ったからこそこの本を手に取ったはずです。

しかし、ここで私が強調したいのは、**誰もが頭では客観性は大事だと考えているにもかかわらず、心の底から「客観力が欲しい」とは願っていない**というポイントです。いかに客観性の重要さを脳で理解できてはいても、「お金が欲しい」や「仕事で成果をあげたい」のような願いと同じレベルで客観力を求める人はほとんどいません。

理由は簡単で、世の多くの人は、「客観力」に関する3つの思い込みにとらわれているからです。

思い込み1　自分は正確にものごとを見られるほうだ

真実↓実際には、人間はたいていのことをゆがんだ視線で見ている

思い込み2　自分のことは自分が一番よくわかっている
　真実↓誰もが自分のことは10％しか正しく理解していない

思い込み3　自分のことは自分で判断するのが良い
　真実↓他人の判断に任せたほうが正確性は高い

少しくわしく説明しましょう。

まず第一の思い込みは、「自分は正確にものごとを見られるほうだ」というものです。多くの研究によれば、「あなたは判断力があるほうですか？」と問われた人は、だいたい次のような答えを返します。

「時には判断ミスもするけれど、概して他の人よりも正しくものごとを見られることが多いです」

この答えが、現実に即していないのは明らかでしょう。世の中の人がすべて、他の人よりも正確な判断ができるような状態はあり得ないからです。

これは心理学で「自己奉仕」と呼ばれる状態で、**たいていの人は自分のスキルや判断力を**

過信し、「客観力」についても自らの能力を平均よりも上だと思い込む傾向を持っています。

有名な話ですが、アメリカで行われたドライブに関するアンケートでは、およそ93%が「私は平均より運転がうまい」と答えましたし、日本の出会い系サイトが実施した調査でも「私は平均よりもルックスが良い」と答えた人の割合は77%にものぼりました。

この数値は客観力についても変わらず、組織心理学者のターシャ・ユーリック博士によると、全体の95%の人は「自分には他人よりも客観的な判断力がある」と回答したのだとか。とにかく**私たちのなかには、自分の能力を実際より大きく見積もってしまう心理がある**のです。

エキスパートですら自分の知識に客観性がない

客観性のジャマをする思い込みの2つ目は、「自分のことは自分が一番よくわかっている」です。確かに、自分こそが自分の最高の理解者だと誰もが思いたいものですが、多くのデータはまったく逆の結論を出しています。

まずは、先にも紹介したターシャ・ユーリック博士の言葉を見てみましょう。

「95%の人は『自分のことは理解できている』と考えているが、実際の理解度は10～15%のあいだにすぎないのが現状だ。**私たちの自己判断能力には欠陥があるため、自分のパフォーマンスや能力を正確に把握することができない**」

過去に行われた「客観力」のテストを見ると、多くの場合は、被験者の自己診断と第三者の意見は大きく異なります。私たちが自分の見た目やスキルを過大評価しがちなことはすでに見たとおりですが、さらに言えば、私たちは次のようなものごとを正しく判断することも非常に苦手です。

- **どれぐらい周囲を導くリーダーシップがあるか？**
- **学校のテストの成績がどれぐらい良かったか？**
- **次の1週間でどれぐらい仕事の生産性を上げられるか？**
- **どのようなデータを使えば問題を解決できるのか？**

この傾向は人類にあまねく認められる現象であり、いかに腕利きの専門家だろうが逃れることはできません。

具体的な例をあげましょう。心理学者のデビッド・ダニングは、４つの実験を通して「専門家は自分の知識をどれぐらい正しく把握できているか？」という問題について調べました。

具体的には、まず自分のことをファイナンスの専門家だと自認している人たちを集め、全員に15個の専門用語を提示。そのうえで、「どの言葉を正確に説明できますか？」と尋ねたのですが、ここにはひとつの罠が隠されていました。実は、参加者に見せた専門用語のうち、３つは博士が作ったニセ単語だったのです。

ニセ単語の内容は「プレ格付けストック」や「固定レート控除」「年間クレジット」など、いかにも実在していそうなものばかり。ファイナンスの素人ならばいざしらず、本当の専門家なら真偽を見抜けて当然かと思いきや、結果は意外なものでした。

確かにファイナンスの専門家は素人よりも豊富な知識を備えていましたが、その一方では、「自分はファイナンスのリテラシーがある」と答えた人の92％が、ニセの単語について「その言葉ならよく知っている」と答えたのです。

この傾向は他のジャンルでも確認されており、生物学や地理の分野などにおいても、エキスパートのレベルが高い人ほど、ありもしない単語を「それは知っている！」と答えたのだとか。要するに、専門知識が豊富なエキスパートですら、自分の知識レベルを高く見積もりやすいわけです。

SNSのプロフィール写真を他人に選ばせるべき理由

さらに、客観性のジャマをする思い込みの3つ目は、「自分のことは自分で判断するのが良い」です。みんな驚くほど自分のことを理解していないのはすでに見たとおりですが、それどころか、ここ十数年の研究により、実は**〝他人〟のほうが私たちのことを深く理解しているこ**とがわかってきました。

身近な例で言えば、私たちは自分のベストなプロフィール写真を正確に選ぶことができません。

ニューサウスウェールズ大学が行った実験では、102人の学生に、SNSや出会い系サイトなどに使うためのプロフィール写真を、12枚の候補から2枚選ぶように指示。続けて、参加者のことをまったく知らない第三者にも同じ指示を出し、学生たちの写真から、ネットに掲載するのにふさわしい写真を選ばせました。

最後に、両グループが選んだ写真をネット上の人たちに採点してもらったところ、興味深い現象が確認されました。学生が自分で選ぶよりも、完全に他人が選んだプロフィール写真のほうが、全体的に「印象がいいし、信頼感があって自信がありそう」と判断されやすかったのです。

この結果について研究者は、「この調査をふまえてアドバイスするなら、1番いい顔をプロフィール写真にするには、自分以外の誰かに選んでもらうに限るということだ」とコメントしています。どうやら私たちは、プロフィール写真選びの場面では、自意識が過剰になりすぎてしまい、ベストな1枚を選べなくなってしまうようです。

さらに心理学者のジョシュア・ジャクソンが600人

分の性格テストを分析した研究でも、〝他人〟の判断の正確性が明らかになっています。

この調査は「被験者が思う自分の性格」と「友人が判断した被験者の性格」の2つを比べたもので、こんな傾向が明らかになりました。

- **私たちの性格は、他人が診断したほうが確実に正確さが高かった**
- **他人は私たちの〝寿命〟も正確に判断できていた**

本人の性格だけでなく自分の寿命についても、実は他人の方が正しく見抜けてしまうというのですから驚きでしょう。このように私たちは、**自分のこととなると客観的な視点を簡単に失ってしまう**のです。

天才は主観的な自分自身に拘束されることがない

ここまで、客観的な思考の難しさについてさんざん見てきました。私たちは自分のこととなるとすぐに客観性をなくし、ものごとを正しく見抜く目を簡単に失ってしまう生き物なのです。

それでは、私たちが一段上の「客観力」を身につけるにはどうすればいいのでしょうか？偉人も悩んだ客観性の問題を乗り越えるためには、いったい何をすべきなのでしょうか？

幸いにも、ここ数年の研究により、「客観力」を保つために欠かせない2つの要素がわかってきました。

- **自己省察＝自分の欲望を正しく知り、思い込みにまどわされず真実を見抜く力**
- **知的謙遜＝自分の能力を正しく知り、より深い成長をうながすための力**

くわしくは第2章から説明していきますが、どちらも「客観力」を保つために欠かせないことがわかっており、最近ではGoogleやAmazonのような大企業も重視し始めているポイントです。

つまり**本書の最終的な目的は、あなたの自分自身を知る能力を高め、人類に特有の思い**

込みから脱して本来の「客観力」を取り戻すことです。本当に正しい情報を見抜くのが難しくなった現代において、その能力は、あなたの人生の質をさらに高める助けになってくれるでしょう。

最後に、19世紀の哲学者ショーペンハウアーの言葉を紹介しておきます。

「天才とは客観性を備え、精神に客観的方法をとらせることのできる人物にほかならない。天才は主観的な自分自身に拘束されることがないので、意志のままに動かされる凡人とは全く逆の方向をたどる」

CHAPTER

02

自分を知る6つの質問と価値観リスト

「汝自身を知れ」は科学的にも正しい

「汝自身を知れ」

デルフォイの神殿の入口に刻まれたこの有名な格言は、かの賢人ソクラテスが自身の行動の指針にしたことで知られています。その解釈にはさまざまな説がありますが、ソクラテスは、おおよそ次のような意味合いにとらえていました。

・自分の習慣や特性などを正しく自覚し、その自覚に立って真の知恵を手に入れ、正しい行動を選ぶこと

いったい自分はどのような価値観や情熱を持った人間なのか？　自分は無意識のうちにどのような行動をとっているのか？　これらの情報を客観的に把握しなければ正しい行動はできないと、ソクラテスは考えたわけです。

この考え方の正しさは、近年の研究でも少しずつ裏づけられてきました。

たとえば、セント・ザビエル大学などが行った実験を見てみましょう。チームはオンラ

インで２９２人の男女を集め、次のようなサーベイに答えさせました。

・「自分がどのような人間か？」という問題に対して、ハッキリした感覚を持っていますか？
・いくつかある自分のパーソナリティ同士が衝突を起こすことはありますか？

ここでチームが調べたのは、心理学の世界で「セルフコンセプト・クラリティ」と呼ばれる心理です。専門的な定義としては、自分に対する信念が明確で、自分の価値観や能力を自信を持って定義でき、時間が過ぎてもその定義が常に安定している状態を意味します。簡単にまとめれば、**自分のことをよくわかっていて、自分自身に安心できるような心のあり方のこと**です。

さて、それから被験者のストレスレベルや主観的な幸福度も比べたところ、興味深い現象が確認されました。**「セルフコンセプト・クラリティ」が高い人ほど人生の満足度が高く、トラブルにも負けにくく、不安にも悩まされにくい傾向があった**のです。

セルフコンセプト・クラリティを高めれば良いことだらけ

もうひとつ、ライス大学では、ＭＢＡの学生５５１人に、「自分のことをどれだけ客観的に見ているのか？（＝セルフコンセプト・クラリティが高いかどうか）」の実験をしました。

ライス大学による実験

STEP 1

ＭＢＡの学生５５１人に以下を質問。
「自分自身の決断力やコミュニケーション能力はどれぐらいあると思いますか？」
「自分の短所はどのようなものですか？」

STEP 2

友人たちにも協力を求め、以下を質問。
「被験者の決断力やコミュニケーション能力はどれぐらいあると感じますか？」
「彼（彼女）の短所はなんだと思いますか？」

この２つのデータを比べることで、「果たして被験者は自分のことをどれだけ客観的に見ているのかを調査

その結果はやはり先の研究とよく似ており、**セルフコンセプト・クラリティが高い人ほど人生の満足度が高く、ストレスレベルは全体的に低く、仕事の生産性も大きいうえに、人生の明確な目標を持って生き生きと暮らしている**傾向が見てとれました。どうやらセルフコンセプト・クラリティを高める行為は、良いことだらけのようです。

しかし、考えてみれば当たり前かもしれません。**自分の価値観や能力を正しく理解していれば、ちょっとやそっとのトラブルが起きてもくじけないはず**です。

たとえば、あなたの仕事が計画どおりに進まず、上司から怒られたとしましょう。この時に何の価値観も持っていなければ、「自分はやっぱりダメだな……」などと思い込み、すぐに気持ちがくじけてしまう確率が高くなります。

ところが、ここであなたの中に「自分はお客さんを喜ばせるために仕事をしている」といった価値観がハッキリと根づいていれば、「今回はうまくいかなかったが、信じる価値観に従って進むことは間違っていない」と思い直すことができるため、その分だけストレスにも強くなるはず。要するに、**セルフコンセプト・クラリティが、心の防波堤のような働きをしてくれる**わけです。

パーソナリティ心理学の研究で有名なジェニファー・ロディスミス博士は、「セルフコンセプト・クラリティは、メンタルヘルスの分野にわたるさまざまなニーズを満たす」とコメントしています。事実、その他の研究では、セルフコンセプト・クラリティが恋愛や日々のモチベーションを高める事例も報告されており、近年もその重要性は増すばかりです。客観力を育てるならば、ぜひ注意しておきたい概念のひとつと言えるでしょう。

価値観リストで人生の価値観をチェックする

それでは、具体的に「セルフコンセプト・クラリティ」を高めるにはどうすればいいのでしょうか？　簡単におさらいすると、この考え方は大きく次の要素で成り立っていました。

1 自分はどんな価値観を持っているのかをしっかり把握する

2 自らの知識や能力の限界をできるだけ正しく見極める

この2つのうち、本章では「価値観の見極め方」を中心にお伝えしていきましょう（知識の限界については147ページから取り上げます）。価値観の定義にはいろいろなものがありますが、心理学の世界では、おおよそ「心の底から自分が大切だと思っていること、そして自分の人生でやりたいこと」のように意味づけています。

「一番大事にしていることはなんですか？」や「お金がもらえなくてもやりたいことはなんですか？」と質問されたときに、あなたはすぐに答えを返すことができるでしょうか？　もし答えにとまどってしまうようなら、まだ自分のなかではっきりした価値観が定まっていないと考えられます。

もっとも、第1章でもお伝えしたとおり、**自分のことを正しく知るのはとても難しい作業**です。事実、講演会などで私が「まずは価値観をよく理解しましょう」とお伝えしても、要領を得ない顔をされるケースがよくあります。それだけ、自分の信念やスタンスについて深く考えたことがある人は少ないのでしょう。

そこで、あなたの心の奥にひそむ真の価値観に気づいてもらうために、まずは「価値観リスト」というシンプルなエクササイズを紹介します。これは「動機づけ面接」などの心理療法で使われる手法で、１００を超す試験で効果が確認された由緒正しいテクニックです。
「価値観リスト」は、多くの人が無意識のうちに抱いている価値観を80種類にまとめたもので、以下のステップで使います。

STEP 1 リストを見ながら、それぞれの項目を「とても重要（◎）」「重要（○）」「重要ではない（×）」のいずれかに分類

STEP 2 「とても重要」に分類した価値観のなかから、特に大事だと思うものを10個まで絞り込む

STEP 3 選んだ価値観を重要度が高い順に1～10位までランクづけする

価値観の分類は、あまり考え込まず直感に従ってください。項目を見て「これは自分が大事にしたいことに当てはまっている！」と感じたものに、どんどん丸印をつけていきましょう。

価値観リスト

価　値　観	重要度	順位
余暇：自分の時間をリラックスして楽しむ		
寵愛：親しい人から愛される		
愛慕：誰かに愛を与える		
熟達：いつもの仕事・作業に習熟する		
現在：いまの瞬間に集中して生きる		
勤勉：自分の仕事に一生懸命取り組む		
平安：自分の内面の平和を維持する		
親密：プライベートな体験を他人とシェアする		
正義：すべての人を公平に扱う		
知識：価値ある知識を学ぶ、または生み出す		
献身：誰かに奉仕する		
性愛：活動的で満足のいく性生活を送る		
単純：シンプルでミニマルな暮らしをする		
孤独：他人から離れて１人でいられる時間と空間を持つ		
精神：精神的に成長し成熟する		
調和：周囲の環境と調和しながら生きる		
興奮：スリルと刺激に満ちた人生を送る		
貞節：パートナーにウソをつかず誠実に生きる		
名声：有名になって存在を認められる		
家族：幸福で愛に満ちた家庭を作る		
協調：他者と協力して何かをする		
礼儀：他者に対して誠実で礼儀正しく接する		
創造：新しくて斬新なアイデアを生む		
信頼：信用があって頼れる人間になる		
義務：自分の義務と責任を果たす		
安定：いつも一定して変化のない人生を送る		

価 値 観	重要度	順位
寛容：自分と違う存在を尊重して受け入れる		
伝統：過去から受け継がれてきたパターンを尊重する		
適度：過剰を避けてほどよいところを探す		
単婚：唯一の愛し合える相手を見つける		
反抗：権威やルールに疑問を持って挑む		
配慮：他人を気づかって世話をする		
開放：新たな体験、発想、選択肢に心を開く		
受容：ありのままの自分を受け入れてもらう		
正確：自分の意見や信念を正しく伝える		
達成：なにか重要なことを達成する		
冒険：新しくてワクワクする体験をする		
魅力：身体的な魅力を保つ		
体力：丈夫で強い身体を保つ		
柔軟：新たな環境にも簡単になじむ		
許し：他人を許しながら生きる		
友情：親密で助け合える友人を作る		
愉楽：遊んで楽しむ		
秩序：整理されて秩序のある人生を送る		
情熱：なんらかの発想、活動、人々に深い感情を抱く		
快楽：良い気分になる		
人気：多くの人に好かれる		
権力：他人をコントロールする		
権威：他者に対して責任を持って指導する		
自治：人まかせにしないで自分で決める		
美的：身のまわりの美しいものを味わう		
庇護：他者のめんどうをみる		
挑戦：難しい仕事や問題に取り組む		

価値観	重要度	順位
目的：人生の意味や方向性を定める		
合理：理性と論理に従う		
現実：現実的、実践的に振る舞う		
責任：責任を持って行動する		
危険：リスクを取ってチャンスを手に入れる		
寛大：自分の物を他人に与える		
真実：自分が正しいと思うとおりに行動する		
信教：自分を超えた存在の意思を考える		
成長：変化と成長を維持する		
健康：健やかで体調よく生きる		
変化：変化に富んだバラエティ豊かな人生を送る		
快適：喜びに満ちた快適な人生を送る		
誓約：絶対に破れない約束や誓いを結ぶ		
慈愛：他者を心配して助ける		
貢献：世界の役に立つことをする		
有益：他人の役に立つことをする		
正直：ウソをつかず正直に生きる		
希望：ポジティブで楽観的に生きる		
謙遜：地味で控えめに生きる		
笑い：人生や世界のユーモラスな側面を見る		
独立：他者に依存しないで生きる		
恋愛：興奮して燃えるような恋をする		
安全：安心感を得る		
受諾：ありのままの自分を受け入れる		
自制：自分の行動を自分でコントロールする		
自尊：自分に自信を持つ		
自知：自分について深い理解を持つ		

ここで気をつけていただきたいのは、他人の目などは一切気にせずに、あくまであなたにとって真実かどうか？　という基準だけで判断してほしい点です。誰に見せるわけでもないので、どこまでも自分に正直に選んでみてください。

参考までに、少し恥ずかしいですが私のトップ10も公開しておきます。

1成長　2達成　3知識　4合理　5冒険　6開放　7体力　8性愛　9寵愛　10独立

こうしてリストを作ってみると、私の場合は、自分の成長を求めるために特定のゴールを必要とし、その手段として知識を追い求めている事実がはっきりと見えてきました。

これらの価値観が自分の主軸なのだとあらためて理解できていれば、今後の人生でなんらかのトラブルが起きても、「この問題を成長のために役立てることはできないか？」や「この問題からなんらかの知識は得られないか？」といった方向で考えることができるため、いたずらに気持ちを落ち込ませることもなく、なおかつ客観的なスタンスも維持しやすくなります。いわば**価値観が人生の羅針盤として働いてくれる**わけです。

人生の価値観をさらに掘り下げる

さて、いったん価値観のトップ10を選んだら、次はその中身をもう少し掘り下げてみましょう。それぞれの価値観について、以下の2つの質問の答えを考えてください。

Q1 その価値観には、自分にとってどのような意味がありますか？

Q2 その価値観が自分にとって大事な理由はなんですか？

当たり前ですが、価値観の解釈は人によって異なります。たとえば私と同じように「成長」を価値観のトップに選んだ人でも、ある人は「自分にとっての『成長』とは、誰からも認められるような精神的に成熟した人間に変化していくことだ」と答えるかもしれませんし、またある人は「自分にとっての『成長』とは、絶え間ないトレーニングで重要なスキルを発達させていくことだ」と答えるかもしれません。そのため、選んだ価値観の内容をあなたなりに深掘りしていく作業は必ず必要です。

たとえば、私の場合だと答えは次のようになります。

① **「成長」の意味** ― 人生に絶え間ない変化を起こし、常に前に進み続ける

② **「成長」が大事な理由** ― 人生を存分に楽しむには、前向きな変化を絶え間なく起こし、退屈な日常に埋没しないことが大事だから

① **「知識」の意味** ― 新たな知識を吸収し、自分をアップデートし続ける

② **「知識」が大事な理由** ― 知識を装備しておかないと新たな変化を起こせないし、同じ場所に停滞してしまうから

このステップでは、ひとつの価値観について考えるごとに5分から10分はかかるはずです。もしぴったりくるような答えが思いつかない時は、親しい友人や同僚などの身近な人

たちとディスカッションをするのも良いでしょう。ややめんどうな作業ではありますが、ここで深掘りした価値観は、必ずあなたの人生を導くコンパスとして役立ってくれます。ちょっと時間を取って、自分の感覚に響くような定義を見つけ出してみましょう。

すべての作業が終わったら、あとは選んだ価値観リストを目の届く場所に置いてください。紙に書き出して作業デスクの上に置くもよし、画像にしてスマホの待ち受けにするもよし。好きな方法を使って、**常に価値観リストの存在を意識できるようにしておくのがポイント**になります。

ここでもっとも大事なのは、**ヒマを見ては価値観リストをながめ直し、「自分の人生で心の底から大事にしたいことは何だっただろうか？」を再確認すること**です。

たいていの人は、日々の暮らしのなかで雑務や家事に追われ、ともすれば自分がどのような人生を生

きたかったのかを忘れてしまいます。その結果として客観性が失われ、本当ならスキルを磨くためのトレーニングをしたり、好きな趣味に時間を使ったりした方が人生は豊かになるはずなのに、スマホのゲームやネットサーフィンといった自分の価値観から離れた行動を取りやすくなるのです。

この問題に立ち向かうには、**あなただけの価値観リストを定期的に見直す作業をくり返して、「価値観の確認」を習慣化していく**のがベストです。毎日の雑事に忙殺されないよう、ぜひとも正しく価値観を使いこなしてください。

6つの質問で慣れない頭脳をときほぐす

「価値観リスト」はシンプルで使い勝手の良いツールですが、なかには大量のリストを前にとまどってしまう人も少なくないようです。

なかでも多いのは、「リストを見ていたらなんだか全部の単語が重要な気がしてきた……」や「『成長』も大事だけど『権威』も『自治』も大事だし、10個に絞り込むのは難しすぎる……」といったお悩みです。もともと「自分の価値観を探る」という作業に慣れている人はほとんどいないため、このように感じてしまうのも無理はないでしょう。

そこで、ここからは本当の価値観を探り出すために、簡単なエクササイズで凝り固まった頭をときほぐしていきましょう。

まずご紹介したいのは、「自分の価値観を知るための6つの質問」です。組織心理学者のターシャ・ユーリック博士が考案したもので、あなたの周囲の人間との関係性から価値観をあぶり出すような内容になっています。

たとえば、いきなり「あなたは何を大事にしていますか？」と尋ねられても困ってしまいますが、ここで「あなたの親友は何を大事にしていますか？　そして、その価値観はあなたに影響を与えていますか？」のような聞き方をされると、急に答えやすくなるのではないでしょうか？　あなたと価値観のあいだに第三者をはさんだおかげで客観的な視点が生まれて、より引いた視点でものごとを見つめられるようになったからです。

それでは具体的な質問に移りましょう。ユーリック博士が提唱する質問は、次のようなものです。

Q1

あなたはどのような価値観を持った家庭で育てられましたか？　自分のいまの考え方には、それらの価値観が反映されていますか？　それとも、両親や家庭から伝わった価値観とは違うところから思考が生まれていますか？

Q2

まだ学校に入る前や、中学・高校などの思春期のころを思い返してください。この時期に起きたことで、最も記憶に残っているような出来事や経験は何でしょうか？　それらの経験は、いまの自分の物の見方や考え方、行動などにどのような影響を与えているでしょうか？

Q3

職場やプライベートの生活を思い返してください。そこでコミュニケーションをとる人たちの中で、あなたがもっとも尊敬できるのは誰ですか？　その人たちのどんなところが尊敬できるのでしょうか？

Q4

逆にあなたが尊敬できないのはどのような人でしょうか？　その人を尊敬できないと思うのは、どのような理由があるからですか？

Q5

これまでの人生で、自分の上にいたリーダーや上司のことを思い浮かべてください。その中で最高のリーダーは誰でしたか？　または、最悪のリーダーは誰でしたか？　あなたがそのように判断したのは、その人物がどんな行動を取ったからですか？

Q6

あなたの子供を育てるにあたって、もっとも教えたいのはどんな行動でしょうか？　またはもっとも教えたくないのはどんな行動でしょうか？　もし子供がいない場合は、「自分の部下に伝えたくない行動とは？」と考えてみてください。

こちらも、参考までに私の答えを紹介しておきます。

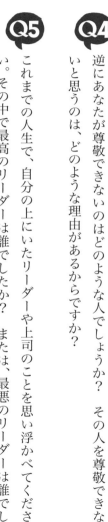

A1

家庭の価値観　―　本を読む大切さを重視する家庭で育った。知識と合理性を大事にするいまの思考体系は、育てられた価値観を反映している。

A2

過去の出来事　―　小学校に入ってから始まった「いじめ」。最初はひたすら耐えていたが、ある日、尊敬する母をバカにされたことに激怒し、いじめっ子に工作室の鉈《なた》を投げようとしたところ相手に殺意が伝わり、それ以降いじめはなくなった。この体験のおかげで、「自分が行動して道を切り開くこと」がいかに大切かに気づいた。

A3

尊敬できる人　―　仕事を助けてくれるチームメンバー。みんな自分が持っていない専門性を備えているため、それだけで尊敬に値する。

A4

尊敬できない人　―　具体的な人物は特にないが、自分の頭で考えずに、ただ周囲に流されるだけの人がとにかく苦手。このタイプの人は非合理な考え方をするケースが多いため、話が通じないことが多い。

A5

最高のリーダー　―　これまで就職したり人の下についたりした経験がないため、明確な人物は思いつかない。しかし、もし自分が「どのリーダーの下につきたいか？」と問われれば、投資家のウォーレン・バフェットを選ぶだろう。バフェットの考え方はとにかく合理性に貫かれており、その考え方にはいつも共感できる。

A6

伝えたい行動　―　まず、新しい知識は世界を変えうるパワーを持つという事実を伝える。これに加えて、知識を詰め込むだけでなく、その情報をもとに自分の頭で行動をプランニングしていくことの重要さも教えていく。逆に、何も考えずにだらだらと他人とつるむことの虚しさも強調したい。

いかがでしょうか？　6つの質問について考えてみたことで、自分の価値観がクリアに浮かび上がってきたのではないでしょうか？

このエクササイズで脳がほぐれたら、再び「価値観リスト」にもどって「もっともしっくりくる価値観はどれだろう？」と考え直してみてください。あなたにとって最適な価値観を選びやすくなっているはずです。

価値観に沿って生きているかを確かめるブルズアイ・テクニック

ここまで、皆さんの価値観をつかむための技法を多数取り上げてきました。あなたが心の奥底に持っている価値観に従って毎日を過ごせば、セルフコンセプト・クラリティが高まり、一段上の客観性を手に入れられるでしょう。

そこで本章の最後に、いまのあなたがどこまで自分の価値観に従って生きることができているかをチェックしましょう。当たり前ですが、どれだけ「自分は『成長』という価値観を大事にしているのだ」と思っていても、日々の暮らしで活かせなければ意味がありません。**価値観を確かめるだけでなく、いかにそれを大事にしながら暮らしていけるかも、非常に大事なポイント**です。

ここで使うのは、心理学者のトビアス・ランドグレンが考案した「ブルズアイ」というテクニックです。**人生における重要な領域を大きく４つに分け、それぞれについて自分が価値観に従って生きているかどうかを調べるために開発されたもので、ACTのような最新の心理療法でも盛んに使われます。**

「ブルズアイ」とは、ダーツの的の中心にある円状のターゲットのこと。その名のとおり、このテクニックでは円形の的を使って自分の価値観を掘り下げていきます。さっそく使い方を紹介しましょう。

STEP 1 「仕事・勉強」の内省

まずは人生の４つの領域について、自分の価値観をあらためてチェックしていきましょう。

「仕事・勉強」は、あなたの仕事やキャリア、学び、知識、スキルの発達などを意味します。あなたは、自分の顧客やクライアント、同僚、上司などに対して、どのような存在でありたいでしょうか？　仕事の場面において、どのような個性を生かしたいですか？　あなたはどのようなスキルを身につけたいですか？

37ページの「価値観リスト」などをあらためて参考にしつつ、これらの疑問の答えを考えてください。どのような回答でも構わないので、思いついた答えはすべて書き出してみましょう。

例 新しい知識をアップデートしつつ、それがいかに人生を変えうるのかを皆に提示していく

STEP 2 「遊び・趣味」の内省

次に「遊び・趣味」に関する価値観をチェックしましょう。「遊び・趣味」は、仕事以外のプライベートな時間を、あなたがどのように過ごしたいかを書き出すパートです。

あなたは、余暇の時間でどう遊びたいですか？　どのようにリラックスしたいですか？　どのような刺激を受けたいですか？　どのような創造的なアクティビティをしたいですか？

これらの疑問について、思いついた答えをすべて書き出してください。

例

「遊び・趣味」の場面でも、自分の頭を刺激してくれそうな新しい知識や体験を求めていく。ただし、あまりに仕事の内容に近い刺激だと脳が休まらないので、文化や人文などの仕事から遠い体験を意図的に探す

STEP3 「人間関係」の内省

このパートでは、あなたの人間関係についての価値観をチェックします。友人、同僚、家族、親戚、伴侶といった身近な人たちなどと、どのような関係を結んでいきたいかをあらためて考えましょう。あなたは、身近な親しい人たちとどのような関係性を築きたいですか？　親しい人たちとの関係のなかで、どのような存在でありたいですか？　親しい人たちと交流するなかで、自分のどのような性質を成長させたいですか？

これらの疑問について、思いついた答えをすべて書き出してください。

例

友人やビジネスパートナーを尊敬し、向こうからも尊敬されるような関係性を築きたい。その人間関係の中で、さらに自分の知識を高めていきたい

STEP 4 「成長・健康」の内省

最後に、自分の成長や健康に対する価値観をチェックしましょう。人としての成長や幸福感、自分の健康レベルなどをどのように育てていきたいかを考えてください。

あなたは、自分の人格や精神性をどのように高めていきたいでしょうか？　いまの健康状態や運動や食生活などで改善したいのはどこでしょうか？　メンタルヘルスに何らかの改善点はないでしょうか？　ライフスキルのなかで身につけたいものはなんですか？（コミュニケーションスキル、問題解決スキル、感情のコントロールスキル、正確な意思決定を行うスキルなど）

これらの疑問について、思いついた答えをすべて書き出してください。

例

自分の頭で常に人生の方向性を決め、独自の道を切り開いていくために、自らのバイアスや思い込みにいつも注意を払う人間でありたい。そのためにも運動や食事、睡眠には万全を期してベストな体調を維持し続ける。ライフスキルについては、問題解決と意思決定のテクニックをさらに高めていきたい

STEP 5 ブルズアイ設定

すべてを書き出し終わったら、その価値観を「ブルズアイ」に置いてみましょう。あらためて自分が書き出した価値観を読み直しつつ、「いまの自分はこの価値観をどれだけ達成できているだろうか？」と考えて下の図のようにチェックを入れてください。

たとえば、あなたが「運動の量を増やして自分の体に優しくしてやる」という価値観を持っているのに、現時点では何のエクササイズもしていないとしましょう。この場合は、ブルズアイの左下に位置する「成長・健康」エリアの外側にチェックを入れます。

ブルズアイ

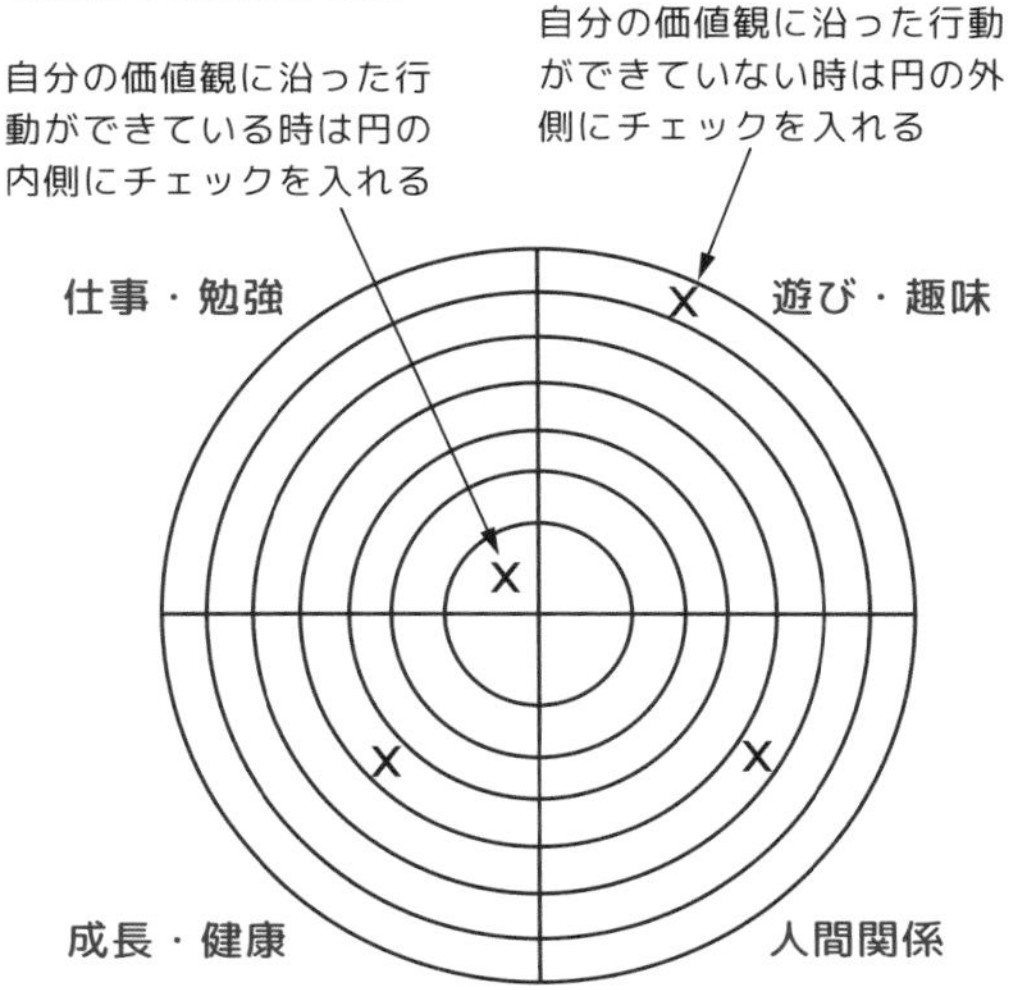
自分の価値観に沿った行動ができていない時は円の外側にチェックを入れる
自分の価値観に沿った行動ができている時は円の内側にチェックを入れる
仕事・勉強
遊び・趣味
成長・健康
人間関係

逆にいまのあなたが十分に満足できるレベルでエクササイズできているなら、ブルズアイの中心よりにチェックを入れてください。

STEP 6 障害の特定

ここまでのタスクで、あなたは「どれだけ自分の価値観に忠実に生きることができているか？」を以前よりも理解できるようになったはず。現在の自分がいかに価値観から逸れた暮らしをしているのかに気づき、軽く落ち込んでしまったケースもあるかもしれません。

そこでこのステップからは、あなたの価値観と人生の融合をはばむ「障害」を特定してみましょう。具体的には次のように行います。

1 あなたが本当に生きたい暮らし方をはばむものはなんでしょうか？　さきほど設定したブルズアイの結果を見ながら、「いまの生活が自分の価値観から離れているのはなぜだろう？」と考えて、その答えを思いつくだけ書き込んでください。

例

「本当ならもっと健康に良い食事を増やして体をいたわるべきだが、クライアントとの外食が多いせいでうまく達成できていない」
「余暇ではもっと趣味に時間を使いたいが、日中の仕事が夜まで食い込むことが多く、なかなか手が回らない」

2 さきほどリストアップした障害に点数をつけていきましょう。採点は7点満点で行い、その障害が「まったく問題ではない」なら1点をつけ、「もっとも自分の人生の邪魔になっている」と思うなら7点です。

ここでわざわざ点数をつけるのは、**「どの障害がどれだけ人生に悪影響を与えているのか？」という問題を正確に把握している人がほとんどいない**からです。たいていの人は、人生の障害について「仕事が忙しすぎる……」ぐらいにボンヤリととらえており、果たしてそれが「睡眠が足りない」や「運動不足」といった他の問題に比べてどれだけ優先して処理すべきかを理解しているケースはまずないでしょう。

しかし、そこで障害に点数をつけていけば、人生における問題点の優先順位がはっきりし、その分だけ対策も立てやすくなるわけです。

STEP 7 アクションプラン作成

最後に、あなたが自分の価値観に沿った人生を送るためには、具体的にどのような行動を取ればいいかを考えましょう。先にリストアップした障害をクリアして、少しでも価値観に近い暮らしをするには、どうすればいいでしょうか？　どんなに小さな行動でも構わないので、最低でもひとつの行動を思いついて紙に書き出してください。ここまで来れば、あとは思いついたアクションを実際の行動に移すだけです。そのアクションをやり終えたら、再び違うアクションを考えて少しずつ自分の価値観を実現させていきましょう。

例

「趣味の時間を最低でも1日30分は作るために、いつも自分でやっている事務作業を任せられる人を探す」

「会食を断るのは難しいので、それ以外の時間で自炊の回数を増やして、もっと良質なタンパク質と野菜の量を増やす」

CHAPTER

03

「自分はどんな人間か？」を掘り下げまくる「内観」の技術

前の章では、あなた自身の価値観を掘り下げる方法をお伝えしました。

くり返しになりますが、**客観的な思考をうまく起動させるためには、「自己」に関する深い理解が欠かせません**。

自分はどのような信念を持った人間なのか？　自分が本当に楽しめるものごとはなんなのか？　自分はどんな人間なのかを自信を持って説明できるだろうか？

これらの疑問に即答できるようでないと、あなたのセルフコンセプト・クラリティは高まらず、客観的にものごとを見つめる能力も深まりません。

とはいえ、自分のことを客観的に見つめるのは、おそらくあなたが思う以上に難しい作業です。

その理由には大きく2つあり、まずひとつめは「バイアス」の問題です。**バイアスは行動経済学の世界で広まったアイデアで、「私たち人間が犯す間違いには一定の規則的なパターンがある」という事実を示したもの**です。

たとえば、いくつかの行動経済学の研究によれば、たいていの人は生まれつき次のように考える傾向があります。

・自分の知能は、少なくともこの世の中の50％の人間よりは上だ
・自分の性格は、この世の中の大体の人よりも温かみがある
・自分のルックスは、少なくとも平均よりは上だろう

当然、自分の知能にせよ性格にせよ、全ての人が平均値よりも上であることなどあり得ません。それにもかかわらず、大半の人は「自分は他人よりも上だろう」と思いこむ傾向があるのです。

興味深いことに、凶悪犯罪で投獄された人たちを対象にした研究では、たいていの犯罪者が「私は世間の人たちよりもモラルが高い」と心の底から思い込んでいる傾向が見られました。それぐらい人間は自分の間違いを認めたくない欲望で、自己の真実から簡単に目を逸らすことができてしまう生き物なのです。「もっともダマしやすい人間とは自分自身である」との言葉もあるとおり、**自己への理解を深めるためにはまずこの「バイアス」を乗り越えねばなりません。**

そして、私たちの客観視を妨げるもうひとつの原因が、「**私たちは日常的な思考の大半を意識することができない**」という問題です。

脳科学や認知心理に関する複数の研究によれば、**人間は1日のうちに平均で5万件以上のものごとを考えており、その大半をすぐに忘れさります。**さらに、思い出せない思考の約9割は前日に起きたことを頭のなかで再現した内容で、そのうち半分はネガティブな考えで占められているようです。

たとえば、私たちが忘れてしまう思考には、次のようなものがあります。

- **日常でふと見かけた光景から過去の嫌な記憶が刺激され、自分の気持ちが少しだけ落ち込んだ**
- **友人との会話のなかで、ちょっとの間だけ頭の中に使えそうなアイデアが浮かんだ**
- **いつも挨拶だけするような関係の人から親切にされたおかげで、ちょっとだけ良い気分になった**

これほど、私たちの脳内では数秒ごとに大量の思考と感情が渦を巻き続けているにもかかわらず、その多くは即座に意識の網の目をすり抜けてしまうのです。

しかし、言うまでもなく、これらの情報のなかには、あなたの自己理解を深めるために役立つものが多く存在しています。**日常で味わったちょっとした不快感や喜びの感覚をもっと意識して掘り下げることができれば、「自分は意外とこのようなことにポジティブな感情（またはネガティブな感情）を持つのだな」といった認識が育ち、私たちは自らの反応をより正しく判断できるようになる**からです。

そこでこの章からは、さらにセルフコンセプト・クラリティを高めるべく、「内観」の技術を磨いていきましょう。

「内観」は自分自身の内面や行動を観察するテクニックの総称で、実験心理学の祖であるヴィルヘルム・ヴントが考え出したもの。さすがに現在の心理実験では内観を使うケースは少なくなったものの、自己を深く掘り下げて日々の暮らしに活かすためには、いまも十分に使うことができます。

その手法にはさまざまなものがありますが、ここでは心理療法の世界などでいまも使われる実践的なテクニックだけを取り上げていきます。

まず最初に紹介したいのは、「内観に役立つ19の質問集」です。これは、メタ認知療法やACTといった最新の心理療法で使われる質問集をベースに、日本人に役立つように編集を加えたもの。患者の自己理解を深めるために用いられる定番の質問ばかりなので、皆さんの「内観」にも役立つはずです。

内観に役立つ19の質問集

Q1 自分がもっとも未来で不安に思っていることは何だろうか？
Q2 今日が人生最後の日だったとしたら、あなたはどのように時を過ごすだろうか？
Q3 自分が心の底から恐怖を覚えるものは何だろうか？
Q4 最近おこなったことで、覚えておくに値することは何だろうか？
Q5 朝起きてすぐに活動したいと思える日とは？

Q6 もし十代の自分にひとつだけ話しかけられるとしたら、何を言いたいだろう？

Q7 人生で忘れられない瞬間を2つだけ選べと言われたら、どの瞬間を選ぶだろうか？　その瞬間を忘れられない理由は何だろうか？

Q8 自分を笑顔にしてくれるようなものごとは何だろうか？　思わず笑顔が出てしまうようなものごとを、最低でも10個リストアップしましょう

Q9 まだ子供だったころの「将来の夢」は何だったただろうか？　そのような夢を抱いた理由は何だったただろうか？

Q10 自分に力を与えてくれるような言葉やフレーズは何だろうか？

Q11 痛みを感じた時に(身体的にも精神的にも)、自分をいたわるためにできる最高のことは何だろうか？

Q12 自分の欠点や能力のなさを無条件で受け入れられるとしたら、いまの行動に変化は起きるだろうか？

Q13 自分が飽きずにできたプロジェクトや活動はどのようなものだろうか？　最低でも5項目はリストアップしましょう

Q14 自分が全く楽しめないプロジェクトや活動はどのようなものだろうか？　最低で

も5項目はリストアップしましょう

Q15 自分が思わず涙を誘われてしまうのは、どのようなものごと(ストーリー、思い出、画像など)だろうか?

Q16 過去に自分が犯した最大の失敗は何だろうか? そして、そこから学んだことは何だろうか?

Q17 いまの時間の使い方に意義を感じられているだろうか? 意義を感じられないなら、その理由は何だろうか?

Q18 もっと満足のいく人生を送るために、どのようなものごとを学ぶ必要があるだろうか?

Q19 この世界にどんな足跡を残したいだろうか?

以上の質問について考える際は、まずすべての問いをざっとながめてみて、**直感的に答えられそうなものから回答を記入**してください。

なかには回答を思いつくまでに10分以上かかるケースもあるでしょうが、そのような質問こそ自己への理解を深めるチャンスになります。「即答が難しい」質問には、あなたがいままでの人生で深く考えてこなかった問題が隠されているケースが多いからです。

参考までに、これらの質問を使って私が自己理解を深めていったプロセスを、いくつかご紹介しておきます。

Q5　朝起きてすぐに活動したいと思える日とは？

よく他人からは「毎日楽しそうだね」と言われるのですが、実際のところ、私もそこまでモチベーションが高い日ばかりを過ごしているわけではありません。そんな状況下でも私が「よし今日はやるぞ！」と思えるのは、次のような日でした。

- **私が運営する「ニコ生」のチャンネル会員数が目標の数を突破しそうになった日**
- **ネットの放送に使えそうな新しいガジェットが手に入った日**
- **ずっと読んでみたかった本が手に入った日**

このリストをざっとながめただけでも、自分がどのようなことにモチベーションを抱き、どのようなことに情熱を感じやすいのかがわかります。私の場合は、どうやら新たな知識が手に入りそうな瞬間や、その知識を多くの人に伝えられそうになった瞬間に、大きな情熱がわいてくるタイプの人間だったようです。

Q14 自分が全く楽しめないプロジェクトや活動は?

過去に私が犯した失敗や挫折についてあらためて考え直してみたところ、自分が楽しめない活動には、次のようなものがありました。

- **基本的に集団でまとまって行動するのが苦手で、サッカーのようにチームワークを要するスポーツや、みんなで決まった時間にミーティングを行うような働き方も向いていませんでした。**
- **テレビのように長い時間をかけて取り組まねばならない仕事も、自分の自由を奪われている感覚が強く、やはりモチベーションは上がりませんでした。**

・かつてオフラインのビジネスをやろうと考えたことがあり、実店舗を構えてメンタルを鍛えるようなジムを作る計画を立てたのですが、こちらも挫折しました。オンラインのスピード感にはどうしても勝てなかったからです。

こう考えていくと、一貫した人間性がなんとなく見えてきます。第一に集団行動が苦手なのは、周囲の人たちに合わせていると新しいアイデアを思いついてもすぐに実行に移せないからですし、長時間の拘束が嫌いなのも同じ理由です。すべてをひっくるめれば、自分が「この分野をつきつめたい！」と考えた時に、自由に行動できないのが嫌なのでしょう。

このように、**苦手な行動の概要をいったんつかんでおけば、次に同じミスをしにくくなるはず**。私の場合で言えば、「このプロジェクトは自由を奪わないか？」と考えられるようになるため、行動にブレーキがかかるわけです。

Q9 子供だったころの「将来の夢」は？

この質問もまた、あなたが心から欲するものごとの方向性をつかむのに役立ちます。私がかつてあこがれた職業と、その仕事につきたいと考えた理由はこんな感じです。

・**宇宙飛行士**　―　「宇宙のことはまだ9割以上はわかっていない」という事実を知って心が躍り、空間の果てを知りたくなったからです。

・**物理学者**　―　10代のころに本気で「不老不死を達成できないか？」と考え始め、その結果、人の精神活動をモデル化して仮想現実世界に走らせるべきだと自分のなかで結論。これを実現するには物理の知識が欠かせないと考えました。

・**化学者**　―　小学生のころは構造式にハマり、自宅で実験などをしていました。いろいろな構造を組み替えることで、新たな物体や生命体を生み出すことができるのではないかと思ったのが理由です。

いまから振り返れば中二病全開の内容ばかりですが、いずれも「未知の知識を手に入れる」や「知識を使って新たなことに活かす」といったあたりに共通点が見受けられます。三つ子の魂百までとはよく言ったもので、「知識の実践」という軸については大昔からブレていないようです。

このように**各質問を深掘りしていけば、必ず自己の理解は深まります**。その際には頭だけで考えるのではなく、答えを必ず文章として紙やPCに書き出すようにしてください。時間があれば、1日1問ずつのペースで質問に取り組み、じっくり考えていくといいでしょう。

「共感マップ」でさらに自己認識を深める

「内観に役立つ19の質問」は非常に有用なツールですが、なかには「質問に答えるのが苦手」という人もいるでしょう。

日常生活のなかで自分の内面を掘り下げるような疑問について考える場面はほとんどないため、いきなり「答えを考えてみましょう」と言われても、なんの取っかかりもないような気分になってしまうケースが少なくないのです。

「19の質問」にすぐ答えられなかった時は、これから紹介する「共感マップ」も使ってみてください。これは、複数の心理療法などで使われる「自己理解」の技法を個人的に応用したもので、誰にでも実践しやすいように簡単なステップに組み替えました。

このツールの**ポイントは、具体的なシチュエーションを思い描いたうえで、自分への理解を深めていく**ところです。ハッキリした状況を想像しながら行うため、抽象的な質問が苦手な人でも取り組みやすいでしょう。

「共感マップ」は次のステップで行ってください。

STEP 1 感情の想起

まずは、いままでの人生のなかで「強い感情」が引き起こされた体験を思い出してください。体験の内容は、ポジティブなものでもネガティブなものでもどちらでも構いません。**とにかく感情が強く動いたものを選びましょう**。

親友と喧嘩した、テストに合格した、仕事のミスで大きな損害を出した、長年抱いてきたゴールを達成した……。

いくつかの体験を思い出したら、そのなかでも特に心が強く動いたものをひとつだけピックアップしてください。この後のステップでは、この体験をベースに自己の理解を掘り下げていくことになります。

STEP 2 体験の分解

紙を4つのエリアに区切り、「見たこと」「したこと」「考えたこと」「感じたこと」のように分類してください。

続いて、ステップ1で思い出した「感情が動いた出来事」を思い出しつつ、以下の質問に答えを書き出してください。

- **見たこと**――その出来事のなかで、あなたが目にしたものは何ですか？
- **したこと**――その出来事のなかで、あなたはどのような行動を取り、自分がどのような振る舞いをしたことに気づきましたか？　ここであなたが取った行動から、自分にはどのような行動パターンがあると考えられますか？
- **考えたこと**――その出来事のなかで、あなたは何を考えましたか？　ここで浮かんだ思考から、あなたは自分の中にどのような「信念」を持っているのだと考えられますか？

・**感じたこと**――その出来事のなかで、あなたはどんな感情を感じていましたか？　そのように感じたのはなぜでしょうか？　その感情を抱いたことで、何らかの過去の記憶を思い出しましたか？　もし何らかの記憶を思い出したとしたら、それは何ですか？

1 紙を４つのエリアに区切り、「見たこと」「したこと」「考えたこと」「感じたこと」に分類。

2

STEP 1で思い出した「感情が動いた出来事」を思い出しつつ、以下の質問の答えを書き出す。

- 見たこと：あなたが目にしたものは何ですか？
- したこと：あなたはどのような行動を取り、自分がどのような振る舞いをしたことに気づきましたか？
- 考えたこと：あなたは何を考えましたか？
- 感じたこと：あなたはどんな感情を感じていましたか？

たとえば、「親友と喧嘩した」という出来事であれば、次のように書き出します。

- **見たこと** ― 怒って拳を握りしめる親友の表情。しばらく口論したが、話が平行線になりそのまま別れた
- **したこと** ― 声を荒げて親友に叫び、向こうが取った行動をひたすら責め続けた
- **考えたこと** ― 「なぜ親友はこんな行動を取ったのだろう？」とずっと考えていたが、たまに「自分の発言がちょっとだけキツすぎるかもしれないな……」といった思考も頭の奥に浮かんだ
- **感じたこと** ― 後頭部が熱くなって、かなりの怒りを感じた。同時に軽い後悔の念と悲しい気持ちも感じていた

いずれも2～3行程度で簡潔にまとめてください。ここではネガティブな出来事を例にしましたが、嫌な気分になって考えが進まないようであれば「過去にもっとも気分が盛り上がったような出来事」を使っても構いません。

このテクニックで**重要なのは、「自分はどんな状況で一番感情が動くのだろうか？」という疑問を取っかかりに、自己への理解を深めること**。この点さえ押さえておけば、どのよう

な過去の体験を使っても効果は得られます。

STEP3 マップの省察

最後に、ここまでの作業をベースにさらに自分への理解を深めていきます。ステップ2で作った「共感マップ」を見つつ、以下の質問について考えてみてください。

あなたの感情が動いた出来事は、自分の不安感や希望の感覚とどのようにつながっていますか？　もし不安感がわいたのなら、それはあなたが何を恐れているからでしょうか？　もし希望の感覚がわいたなら、具体的にあなたはどのような希望を抱いているのでしょうか？　その出来事のなかで、あなたのなかでどのようなニーズが満たされているのでしょうか？　またはどのようなニーズが満たされていないのでしょうか？

Q1 環境の質問 ― その出来事が起きたとき、周辺の環境はどのようなものだったで

しょうか？　その環境についてどのようなことを覚えているでしょうか？　その時、あなたの意識はどこに集中していましたか？

Q2
感情の質問　―　その出来事のなかで、あなたに最悪の感情を抱かせたり、逆に最高の気分を抱かせたりする原因になった要素は何でしょうか？

Q3
反応の質問　―　その出来事のなかで、周囲の環境や人たちから得られた反応はどのようなものでしたか？　その反応からどのようなことを学びましたか？

Q4
学習の質問　―　その出来事のなかで、肯定的にとらえられるポイントはなんでしょうか？その出来事を体験したことで、自分自身、他人、そしてこの世の中について何を学ぶことができるでしょうか？

再び「親友と喧嘩した」という出来事を例に、具体的な書き方を見てみましょう。

A1

環境の質問――喧嘩が始まったとき、周囲には別の同僚が2〜3人ぐらいいたはず。夕方だったので何となく室内が暗くなり始めたのを記憶している。そのとき自分の意識は、周辺の環境というよりは「これから何を言おうか？」という思考に集中していたような気がする。

A2

感情の質問――喧嘩のなかで最も気分を落ち込ませたのは、言いたいことを言って口論が一段落した後で、やや気持ちが落ち着いてみたら何も事態が解決していなかったところ。時間を無駄にしたし、逆に事態が悪化しただけだったことに気付いてさらに気分が落ち込んだ。

A3

反応の質問――口論が始まったとき、周囲は聞いてないふりをしてそれまでの仕事を続けていた。関わりたくなさそうな感じが伝わってきて、空気を悪くしたことについて罪悪感を覚えた。

A4

学習の質問――肯定的にとらえられるポイントは少ないが、あえて言うなら、相手

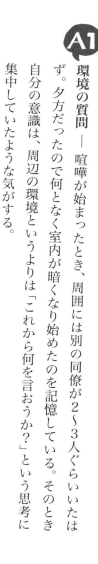

が親友だろうと「悪いことは悪い」とはっきり言うことができた点だろう。とはいえ、その正義感がチームの雰囲気を悪くするのも確かであり、一部の人には不快感を与える要因になってしまう点は学ぶべきだろう。はっきりものごとを口にすることは決して悪い行いではないものの、その後のフォローについてはもっと気を配るべきかもしれない。

実践してみるとわかりますが、この「共感マップ」を最後までこなすと、**あなたが普段はまったく意識していなかった価値ある情報が浮き上がってきます。いままで考えもしなかった自分の希望や弱点を、深く理解できるようになる**のです。

「ペルソナ法」

「共感マップ」はボリュームの大きいテクニックなので、実践の際にとまどってしまうケースもあるかもしれません。特に自己省察のトレーニングをしたことがない人にとっては、自分にとってネガティブな出来事を掘り下げていく作業は、少し心に負担が大きすぎてしまう可能性もあるでしょう。

もし「**共感マップ」の実践に困難を感じたら、ひとまずここから紹介する「ペルソナ法」から試すのも手**です。これもまた心理療法の世界などで使われる自己分析テクニックのひとつで、そこまでメンタルに負荷をかけずに自分への理解を掘り下げられることがわかっています。

このテクニックのやり方は単純で、「**あなたにとって理想の自分とは？」をじっくり考えていくというもの**。その過程で自分がどのような人間なのかを浮き彫りにするのが最終ゴールになります。

それでは具体的な方法を見ていきましょう。「ペルソナ法」は、以下の質問の答えを考える形で進めます。

Q1

あなたが「このような人間になりたい！」と心から思うような人物はどのような人で、どのような特徴を持っているのでしょうか？

そして、なぜ私はそのような特徴を手に入れたいのでしょうか？　自分の人生を振り返って、その特徴を持った人物はいたでしょうか？　または、いま身の回りにそのような人物はいるでしょうか？

例

具体的な人物はいないが、バイアスにまどわされずに、常にクリアな思考でものごとを考え続けられる特徴を持った人間でいたい。こう思うのは、子供のころに自分の頭で考えることの重要さを母親から学んだからだと思う。人生を振り返ってみると、ウォーレン・バフェットなどはこの条件に当てはまる人物なのかもしれない。身の回りには、そこまでバイアスから自由な人間はいないが、探していきたい。

Q2

もし私が、自分が思う理想の人間の特徴を兼ね備えていたら、その私はどのような人のことを「すばらしい人間だ」と思うだろうか？　その人のことをすばらしいと思うのはなぜだろうか？

例

自分がバイアスにまどわされない人間だったとしたら、そのクリアな思考を生かして何か社会に貢献するような仕事をしている人のことを「すばらしい」と思うだろう。

社会への貢献がすばらしいのはもちろんだが、思考が明晰なため、感情に流されずに本当に社会に役立つ行動ができるだろうから。

Q3

以下の3つの人物像について、できるだけ具体的でクリアに思い描いてみてください。1については、Q1でイメージした人物像と同じになります。

1　あなたが心から「こうなりたい」と願う**理想の自分**

2　あなたが「私はこういう人間だ」と考える**素の自分**

3　あなたが「私はこういう人間になるべきだ」と考える**義務的な自分**

次に、**過去の自分の心が揺れ動いた、ポジティブな体験をひとつだけ思い出してくださ**

い。好きな映画、好きな人からほめられた体験、大きなプロジェクトに成功した体験など、あなたの気持ちが動いたものごとであれば、どんなことをピックアップしても構いません。

そのうえで、次の質問について考えてみましょう。

・その体験のなかで抱いた感情は、理想の自分、素の自分、義務的な自分とどのように関係しているのでしょうか？

もしかしたら、その体験のなかで得た感情は「理想の自分」がもっと味わうべき感覚なのかもしれませんし、素の自分がダイレクトに表現されているのかもしれません。いずれにせよ、自分の感情が揺れ動いたという事実は、あなたという人間について何らかの事実を反映している可能性が大いにあります。

このステップは「ペルソナ法」のなかでも最も重要なものなので、ぜひ感情と自己像のつながりについて掘り下げてみてください。

例

理想の自分―バイアスにまどわされずに明断な思考ができる自分
素の自分―常に明晰な思考は心がけているが、まだまだ道なかばの自分
義務的な自分―倫理的な態度と行動を維持し、自分の仲間やコミュニティからの期待をこなし続ける自分
ポジティブな体験―プロジェクトの告知内容を変えてみたら、ユーザーの加入数が10倍にはねあがった
抱いた感情との関係―あの時の自分は「告知内容を変える」という行動に懐疑的だったが、ふとそれがバイアスであることに気づき、試してみたら大成功を収めた。いま思えば、あの時にバイアスを解除できたのは、理想の自分につながっている。
また、素の自分とのつながりについて考えた場合も、明晰な行動が実行できた例として心にとどめておきたい。義務的な自分に関しては、自分の仲間からの期待に応えられた点ではよかった。

Q4

普段の生活のなかであなたは、実際の自分とは違う何者かになろうとしすぎていないでしょうか？

例

「明晰な思考」には昔から強いこだわりがあるので、気を抜くとそこに全身全霊を傾け過ぎてしまう傾向がある。あまりにそこにリソースを注ぎ込みすぎると、他のことに時間を使えなくなるかもしれない。

Q5

あなたが、実際の自分とは違う何者かになろうとしているのは、たんに他の人の期待に応えようとしているからではないでしょうか？

例

他の人の期待とは関係がない。いまの理想の自分は子供時代から考えていたものなので、周囲からのプレッシャーで自分とは違う人間になろうと考えたことは一度もないはず。しかし、いまの仲間の期待に応えたいという気持ちがあるのも確かなので、そのあたりは気をつけておきたい。

「ペルソナ法」の質問は以上です。このテクニックのポイントは、自らが考える人物像を3つに分類したところで、シンプルに「自分とはどのような人間なのだろう?」と考えていくよりも格段に自己を分析しやすくなります。まずはこのテクニックでウォーミングアップを行い、自己分析の感覚に慣れたところであらためて「共感マップ」に進んでみるのもおすすめです。

くり返しになりますが、**自己分析のプロセスは容易ではなく、ときに自分の嫌な側面を見つめ直さねばならない場面も必ず訪れます**。己のダークサイドを突きつけられる体験は楽しいものではなく、気持ちがくじけそうになることもあるでしょう。

しかし、そんな苦労をしてでも「セルフコンセプト・クラリティ」の向上には取り組む価値があります。

いったん**自己像が明確になれば、あなたは一段上の客観性を手に入れることになり、明確な思考をキープしたまま日々を過ごせる**はず。ぜひまとまった時間を取って、自己を掘り下げてみてください。

CHAPTER
04

自己省察スキルを高めるトラッキングテクニック

ここまでの章では、複数の質問やワークを使って、「本当の自分とはどのような存在なのだろう？」という問題を掘り下げてきました。いくつかの質問に取り組むだけでも、確実に以前よりは自己への客観的な視点が育っているはずです。

とはいえ、第1章でお伝えした「思い込み」の問題はかなり根深いため、気を抜けばまた客観性を失った状態にもどるケースは少なくありません。**「思い込み」は人間の脳に生まれつき備わったメカニズムなので、定期的に「本当の自分」意識する作業をしておかないと、すぐに元どおりになってしまうもの**なのです。

なんとも難しい問題ですが、「思い込みによる客観性の喪失」は人類のデフォルト設定なので、いくら嘆いてみてもしかたありません。そういうものなのだとあきらめて、**定期的に自己認識のメンテナンスを行うのが、本当に客観的な視点を手に入れるための唯一の道**です。

そこで、日々の暮らしで自己認識を高めるために役立つもうひとつの行動が「トラッキング」です。その名のとおり、あなたが毎日どのような行動を取ったのかを記録していく手法のことで、自己認識の能力を鍛えるためには欠かせません。

「記録」がもたらすパワーについては、くわしく説明する必要もないでしょう。毎日の仕事の進み具合や成果などをデータとして残さなければ、「自分はどれぐらいのペースで作業を行えるのか？」や「いまのタスクにどれぐらいのリソースを割けばいいのか？」と言った問題を客観的に考えることができません。ダイエットや貯金なども同じで、日々の体重の増減やお金の使い方を把握しておかなければ、とうてい成功などはおぼつかないでしょう。

その点で「トラッキング」は非常に基本的なテクニックですが、本書で私が強調したいのは、「**自己認識を向上させるためには、より深く広範囲の記録を行うべきだ**」というポイントです。より一段上の客観性を手に入れるには、一般的な記録だけでは物足りません。

それでは、具体的にどのようなデータを測定すべきなのでしょうか？　自己認識を向上させるためには、大きく次の2つの変化を意識してください。

1　感情の変化

2　肉体の変化

それぞれのポイントを具体的に見ていきましょう。

1 感情の変化

まずはストレスのトラッキングからスタート

ひとつめの「感情の変化」は、あなたの心がどのような状態になっているのか？　というポイントです。**精神の状態が日々のパフォーマンスを大きく左右するのは言うまでもなく、少しのストレスやネガティブな感情などにより、私たちの脳の働きは大きく左右されます。**

しかし、それにもかかわらず、多くの人は自分の感情の変化を十分に把握しようとしません。たいていは「なんだか今日はイライラしたな……」や「今日はいつもより気分が良かったな……」ぐらいの感覚で毎日を過ごしており、自己認識の向上に役立てているケースはほとんどないでしょう。

ここで記録すべきポイントは無数にありますが、なかでも取り組みやすいのは次のポイントでしょう。

- **気分のチェック**
- **ストレスレベル**

まず**最初に大事なのが「気分」の計測**です。「どれぐらいイライラしたか？」「どれぐらい気分が落ち込んだか？」「どれぐらい悲しさを感じたか？」など、日々の仕事やプライベートなどで体験したネガティブな感情を記録していきます。

ストレスの計測が大事なのは、**ネガティブな感情こそが私たちの客観性を曇らせる最大の要因のひとつ**だからです。怒りで正常な思考ができなくなったり、気分が落ち込んだせいでものごとを考える気が無くなったり、焦りのせいで早まった判断を下してしまったりと、どのような人でも似たような体験をしたことがあるでしょう。

これは専門的には「トンネル効果」と呼ばれる現象で、文

［どんな状況で怒りやすい？］

［何を言われたら気分が落ち込む？］

［どんな場面で悲しみを感じる？］

字どおり**ネガティブな感情により視界がせばまってしまう心の状態**を意味します。この心理はどれだけ知性が高い人にでも起きるもので、日常的に自分の心の変化を意識しておかなければ対処できません。

果たして、自分はどんな状況で怒りやすいのか？　何を言われたら気分が落ち込んでしまうのか？　どのような場面で悲しみを感じるのか？

このようなポイントをしっかり押さえておかなければ、「トンネル効果」をうまく処理するのは困難です。どんなに難しい状況でも客観的な視線を保てるように、普段から自分の心の変化をつかむトレーニングをしておきましょう。

デイリー・ムード・チャート

日々のストレスをつかむトレーニングとしてまずおすすめなのは、「デイリー・ムード・チャート」というテクニックです。左のようなシートを使う手法で、使い方は非常に簡単です。

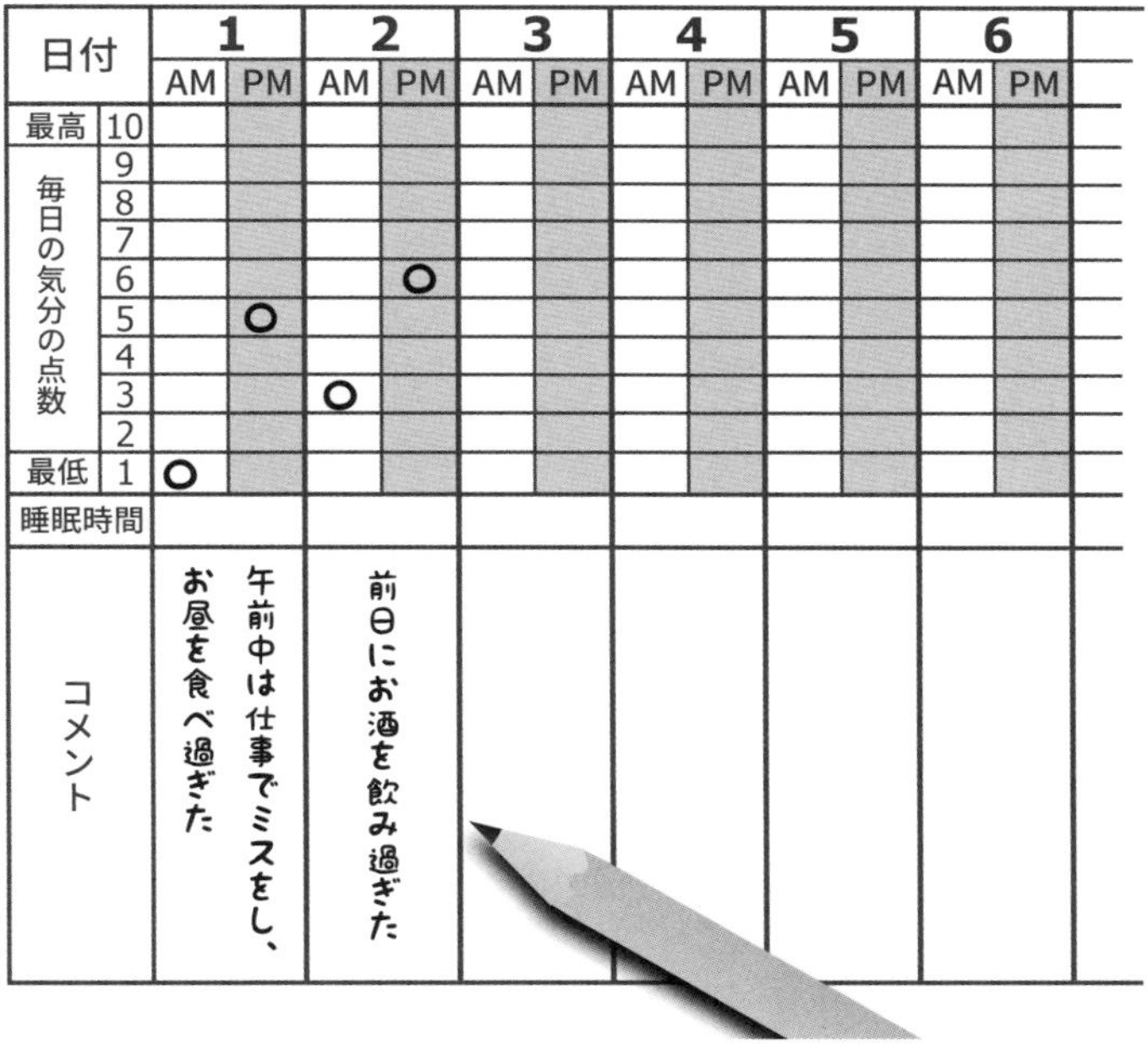

1 デイリー・ムード・チャートは、日々の気分の変化を1ヶ月かけて記録していく形で使います。記録用紙は1日ごとに午前と午後のブロックに分かれており、それぞれどんな気分だったのかを10点満点で採点してください。「これ以上ないほど最低の気分」だったなら1点で、「これ以上ないほど最高の気分」だったなら10点です。

2 気分の変化に影響を与えた出来事がはっきりしている場合は、その内容を「コメント」欄に簡単に書き込んでください。「仕事でミスをした」「友人とケンカした」「カフェインを摂り過ぎた」「昼食を食べ過ぎた」「前日にお酒を飲み過ぎた」など、どのような原因でも構わないので好きに書き込んでみましょう。もし特定の原因がなにも思いつかないようなら、空欄のままで構いません。

「デイリー・ムード・チャート」は、最低でも14日間は続けてください。気分の変化を記録していくうちに、少しずつ自分がどのような場面でネガティブな感情に陥りやすいのかが見えてくるはずです。

かくいう私も日々のストレスは毎日のように記録しており、自分がどんな場面でネガティブに巻き込まれがちなのかを把握するように努めています。私の場合は、ただ長いだけの会議や無駄な打ち合わせなどに対して明らかに不機嫌になる傾向があるため、いまでは可能な限り会議や打ち合わせは避けるように心がけています。

ストレス・レコード

「デイリー・ムード・チャート」でも十分にストレスの計測はできるものの、さらに上の理解を目指したいなら「ストレス・レコード」にもチャレンジしてみてください。

これはミシガン大学が推奨するストレストラッキング法で、４つの列が並ぶワークシートに日々のストレスを書き残す形で使います。

ストレス・レコード

時間	ストレスイベント	変化	イライラ対策
7:30	子供が学校に行く準備をなかなかしてくれなかった	胃のあたりがギュッと引き締まったような感覚がして、子供に叫んだ	会社に向かう途中でお菓子を買って食べまくった
9:30	クライアントとの打ち合わせに遅刻してしまった	胃が痛くなって、昇進評価への採点に対する恐怖心が沸き上がった	同僚に不安をしゃべったら少し楽になった
11:00	会社のプリンタがまた動かなくなった	頭に血が上ってイライラが最高潮に。すぐに同僚にヘルプを頼んだ	よくわからないが、ただイライラを我慢した気がする
3:15	昔の友人から電話があり、よくわからない長電話で仕事が中断された	仕事が停滞したせいで、締め切りを守れるかどうかの不安が増加	電話を聞きながら、話の内容とは関係ないことを色々考えた
5:30	会議がダラダラと長く、予定時間を超過した	胃がかるくズキッとしたうえに、頭も痛くなってヤバかった	同僚と飲みに出かけグチを言いまくった

1 時間 — 激しいストレスを感じた時間を記録してください

2 ストレスイベント — ストレスを与えた状況はどのようなものだったでしょうか？　ひとつの文章で簡潔にまとめてください

3 変化 — そのストレスが発生した時に、身に起きた変化を記録します。「頭が痛くなった」のような特定の変化でも構いませんし、「不安が増加した」のように感情の変化を記入しても構いません

4 イライラ対策 — そのストレスについて、どう立ち向かったか？　どのようにネガティブな感情を処理したのか？　などを書き込んでください。なにもせずにただ時間が過ぎるのを待つだけだった場合は、「ただ感情が治るまで耐えた」のように記入すればＯＫです

「ストレス・レコード」を使うタイミングやペースに決まりはありませんが、**基本的には自分のストレスを書き残す回数が増えるほど自己への理解が深まるのは確実**です。

おおまかな目安としては、まずは1～2週間ほど毎日記録を続けてみるのが理想ですが、たんに**1日2日ほどストレスを書き残すだけでも効果は得られます**。何枚か「ストレス・レコード」を作ったら、記録の内容をながめながら以下の質問を自分にぶつけてみてください。

Q1

あなたがストレスをもっとも感じやすい時間帯はありましたか？　もしストレスを感じやすい時間帯があるのなら、その原因はなんでしょうか？　自分の気分の変化が問題なのでしょうか？　それとも、その時間帯にストレスフルなイベントが起きやすいのでしょうか？

Q2

あなたの身に起きた変化は、どのようなものが多いでしょうか？　頭痛や腰痛のような肉体的な変化でしょうか？　それとも、不安や焦りのような感情的な変化のほうを強く意識するのでしょうか？　または、「なんだあいつは！」や「これはヒドい」のように具体的なフレーズが頭に浮かぶでしょうか？

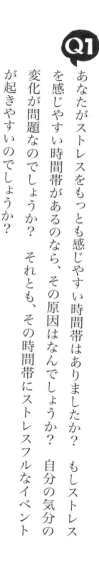

Q3 あなたにストレスを起こしやすい特定の人物や状況はあるでしょうか？ ストレスの引き金になりやすい人や状況について考えてみてください。

Q4 あなたにとって、どのストレス対策がもっとも効果的だったでしょうか？ まったく効果がなかった方法はどれでしょうか？ 逆にストレスが悪化したような対策はなかったでしょうか？

このような質問について定期的に考えておくと、**たいていの人は、ストレスのせいで客観的な思考力を失う確率がどんどん低くなっていきます**。「自分はこんな場面で大きなストレスを感じやすいのだな……」や「この人とからむとストレスを感じるな……」という認識が生まれるおかげで心構えができますし、もしいざストレスに巻き込まれてしまった場合でも、「自分にはこの対策が一番よく効くのだ」との理解があるため、必要以上のパニックに我を失わずに済むからです。

難しい場面でも客観性を保つためにも、ストレスの記録は常に意識しておいてください。

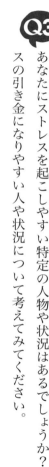

2 肉体の変化

睡眠のトラッキングで自己の理解を深める

「感情の変化」とならんで重要なのが、「肉体の変化」のトラッキングです。身体の状態が私たちの客観力に影響を与えるのは当たり前の話で、疲れ切った状態でも冷静な思考ができる人は少ないでしょうし、その他にも、食事を食べ過ぎた後や激しい頭痛の最中に客観的にものごとを考えるのも難しいでしょう。

また、そこまで分かりやすい例でなくとも、**私たちの客観性は、常に微妙な肉体の変化に左右されています**。

気圧の変化によるちょっとした後頭部の重み、ランチの最後に食べた高糖質のデザート、カフェインの取りすぎが原因で起きる焦りにも似た感覚……。

このようなちょっとした違和感に対しても人間の脳はスピーディに反応し、「どのような肉体の変化が起きたのか？」という情報を集めようと働き始めます。その分だけ脳の情報処理スピードが下がり、やはりいつもと同じ思考力を保つのが難しくなってしまうわけです。

　といっても、あまりに細かな肉体の変化に意識を向け続けるのは現実的ではないため、ここでは、私たちの思考に影響を与えやすいポイントのみに的を絞っていきます。具体的に押さえておくべきポイントは次の2つです。

・睡眠の質
・活動のレベル

　まずやっておきたいのは、「睡眠の質」のトラッキングです。**前日にちゃんと眠れていない状態で、人間の頭がまともに働くはずがないのはいうまでもない話**。この項目では、「毎日どれぐらい眠れているか？」「どれぐらいグッスリ眠れたか？」「眠りに落ちるまでに何分ぐらいかかったか？」などを記録します。**近ごろはスマホ**

で使える睡眠計測アプリがいくつも出ているので、まずはこれを試してみてください。

私の場合は、ネットで購入した「OURA Ring」(https://ouraring.com/) という指輪型のガジェットを使っています。これは指の血流を測って睡眠レベルを計測する機器で、同時に「日中にどれぐらい動いたか？」や「どれぐらい精神がリラックスしているか？」などのポイントを測ることができます。ひとつ3万円前後の高価なガジェットですし、まだアプリが日本語化されていないのが難点ですが、非常に便利な商品なので興味がある方は試してみてください。

もっとも、睡眠の質を記録するだけなら、単純な質問に答えていくだけでも十分なデータは集まります。毎朝、目を覚ましたあとで以下の質問をチェックしてみてください。

Q1 昨夜、眠りについた時間の60分前はどのような気分でしたか？ (次からひとつを選択)

- ハッキリ目が覚めていて元気だった
- 疲れてはいたがヘトヘトではない

・ハッキリ目が覚めていたがヘトヘトだった
・疲れていた上にヘトヘトだった
・ちょっとだけ眠気を感じていた
・起きているのが難しいぐらい眠かった

Q2
昨夜はトータルで何時間眠れましたか？

Q3
昨夜はどれぐらい簡単に入眠できましたか？（5点満点で採点。簡単に眠れたなら1点で、寝るのが難しかったなら5点）

Q4
寝床に入った時の気分はどうでしたか？（次からひとつを選択）
普通　興奮状態　不安　イライラ　平静　傷ついた状態　無感情　幸福
怒り　悲しみ

Q5
夜中に何度か目が覚めたか？　その場合は、その回数を記録しましょう。

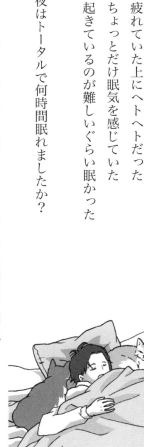

Q6

なんらかの夢を見たか？　夢を見た場合は、その内容で得た感情はどうだったか？（次からひとつを選択）

・幸福　退屈　恐怖　異常　奇妙　明晰夢　いつもの夢　性的　現実的

Q7

今朝、目が覚めた時の気分はどうだったか？（次からひとつを選択）

・スッキリとリフレッシュしていた

・目は覚めたがなんだかダルい

・疲れが残っていたがすぐ目が覚めた

・疲れていてダルい

Q8

起きた直後の気分はどうだったか？（次からひとつを選択）

・普通　興奮状態　不安　イライラ　平静　傷ついた状態　無感情　幸福
怒り　悲しみ

以上の質問に答える作業を**何日か続けていくと、多くの人は、ほどなく自分の睡眠の質が改善していくことに気づきます**。何度か睡眠のログをつけただけでも、あなたは自然と自分の睡眠になにが足りないのかを理解し始め、「日々のクオリティを改善するにはどうすればいいのか？」という疑問について自然と取り組むようになるからです。要するに、**自分の暮らしについてより客観的な視点が生まれた**わけです。

特に「睡眠の質」はあなたの人生の質を左右する最重要ポイントのひとつなので、まだトラッキングの習慣がない方は、まずは「睡眠」の記録から手をつけることをおすすめします。

日々の活動を計測してみよう！

もうひとつ、「肉体の変化」をつかむ上で欠かせないのが「活動レベル」の記録です。1日の歩数、座り続けた時間、エクササイズの時間、家事の活動量など、日々の暮らしでどれぐらい体を動かしたかどうかをチェックしていきましょう。

言わずもがな、**日常の活動量もあなたの客観力を左右する要素のひとつ**。ポジティブ心理学の研究で有名なタル・ベン・シャハー博士が「体を動かさないのは鬱になる薬を飲んでいるようなものだ」と指摘するとおり、身体の活動量はあなたの脳の働きを大きく左右します。

事実、複数の研究により、**普段からよく体を動かす人ほど思考力が高く、ものごとをクリアに考えられる**こともわかっています。身体活動レベルが高いおかげで脳の働きが上がり、ものごとを客観的に見ることができるからです。睡眠とならんで重要なポイントなので、ぜひ自分の活動レベルは把握しておきましょう。

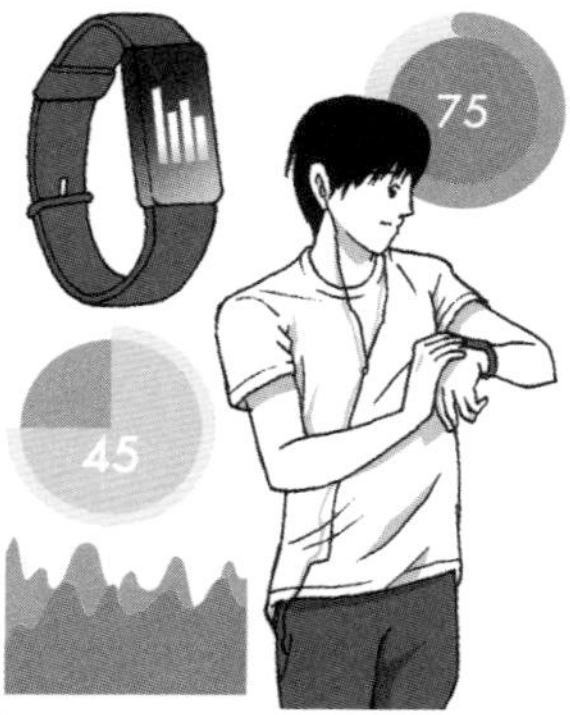

アップルウォッチのような
活動量計を使って計測

そこで一番お手軽なのは、もちろん活動量計を使うことです。アップルウォッチなどを使えば精密に1日の運動量やカロリー消費量を把握できますし、アプリを追加すれば睡眠の計測も可能です。

さらに最近は万歩計が数千円台で手軽に買えるようになったため、こちらを使ってもいいでしょう。高級機と違ってデータを残す機能がないのが難点ですが、日常の歩数や消費カロリーなどをつかむのが目的なら十分有用です。

また、わざわざ新たなガジェットを買うのではなく、シンプルな質問を使って日々の活動レベルをつかむのも手です。活動量をつかむ方法はいろいろありますが、日本人が使いやすいのは、自治医科大学が開発した「ＮＥＡＴレベルを判断する36問」でしょう。

ＮＥＡＴは「非運動性熱産生（Non-exercise activity thermogenesis）」の略で、スポーツやエクササイズのような意識的な運動で消費されるエネルギーではなく、家事や通勤といった日常的な活動で消費されるエネルギーを意味します。

１日の消費エネルギーのうち、ＮＥＡＴがしめる割合はだいたい15～50％ぐらいと推測されており、この数値が高い人ほど肥満が少なく、体調不良やネガティブな気分に襲われる確率も低いことがわかっています。**自分のＮＥＡＴレベルをつかんでおけば、あなたの客観力アップに役立つ**はずです。

それでは、実際に自分のＮＥＡＴレベルを計測してみましょう。次のページの質問を見て、自分に当てはまる選択肢を選んでみてください。

NEAT レベルを判断する 36 問

1. 職場まで合計どれぐらい歩いて通勤していますか？
   a ほとんどない（または、そもそも通勤していない）
   b 普通（30 分以下）
   c 多い（30 分以上）

2. どれぐらい電車やバスを使いますか？（タクシーや自家用車はふくめない）
   a ほとんどない（または、そもそも通勤していない）
   b 普通（週に 1 ～ 2 回）
   c 多い（ほとんど毎日）

3. 仕事中にどれぐらい歩きますか？（自分の感覚で判断）
   a ほとんどない　b 普通　c 多い

4. 歩行スピードはどれぐらいですか？
   a 他人に追い越されるぐらい
   b 他の人と同じぐらい
   c たいていの人より速い

5. 階段はどれぐらい使っていますか？（自分の感覚で判断）
   a ほとんどない　b 普通　c 多い

6. 食料品や日用品を買うために、どれぐらい外出しますか？
   a ほとんどない　b ときどき（週に 1 回以上）　c 多い（1 日 1 回以上）

7. 歩いて外食に行く回数はどれぐらいですか？（ランチもディナーも含む）
   a ほとんどない（週に 1 回以下）
   b ときどき（1 日 1 回の外食を週に 2 ～ 5 日ぐらい）
   c 多い（1 日 2 回以上の外食を週に 2 ～ 5 日ぐらい）

8. ゴミ出しはどれぐらいやっていますか？
   a ほとんどない　b ときどき（週に 1 回ぐらい）　c 多い（週に 4 回以上）

9. コンサート、映画、カラオケなどにどれぐらい出かけますか？
   a ほとんどない　b ときどき（月に 1 回ぐらい）　c 多い（週に 1 回以上）

10. どれぐらい子供と外で遊びますか？
   a ほとんどない　b ときどき　c 多い

11. どれぐらい散歩に出かけますか？（犬の散歩なども含む） a ほとんどない　b ときどき(週に１回以上)　c 多い(1日に１回以上)
12. 負荷が軽い掃除をどれぐらいやっていますか？（ゴミを拾うなど） a ほとんどない　b ときどき(週に１回以上)　c 多い(1日に１回以上)
13. 負荷が大きい掃除をどれぐらいやっていますか？ （掃除機をかけるとか床を拭くとか） a ほとんどない　b ときどき(週に１回以上)　c 多い(1日に１回以上)
14. 負荷がかなり大きい掃除をどれぐらいやっていますか？ （窓を拭くとか車を洗うとか） a ほとんどない　b ときどき（月に１回以上）　c 多い（週に１回以上）
15. 料理の支度はどれぐらいしますか？（料理だけでなく配膳の作業も含む） a ほとんどない　b ときどき(週に１回以上)　c 多い(1日に１回以上)
16. 食事のあいだ、おかわりをしたり食器を取るために体を動かしますか？ （自分の感覚で判断） a ほとんどない　b ときどき　c 多い
17. 食後にテーブルの上を片付けますか？ a ほとんどない　b ときどき(週に１回以上)　c 多い(1日に１回以上)
18. 食後に食器を洗いますか？ a ほとんどない　b ときどき(週に１回以上)　c 多い(1日に１回以上)
19. 洗った食器を自分で拭いて棚に戻していますか？ a ほとんどない　b ときどき(週に１回以上)　c 多い(1日に１回以上)
20. どれぐらい洗濯をしていますか？ （洗い物を洗濯機に入れて取り出すまでを想定） a ほとんどない　b ときどき(週に１回以上)　c 多い(1日に１回以上)
21. どれぐらい洗濯物を干していますか？ （洗い物を干してから畳むまでを想定） a ほとんどない　b ときどき(週に１回以上)　c 多い(1日に１回以上)
22. どれぐらいシーツやベッドカバーを洗っていますか？ a ほとんどない　b ときどき（月に２〜３回）　c 多い（週に１回以上）
23. 布団の天日干しをどれぐらいしていますか？ a ほとんどない　b ときどき（月に２〜３回）　c 多い（週に１回以上）

24. アイロンがけをどれぐらいしていますか？ a ほとんどない b ときどき(週に1回以上) c 多い(1日に1回以上)
25. トイレや風呂場の掃除をどれぐらいしていますか？ a ほとんどない b ときどき(週に1回以上) c 多い(1日に1回以上)
26. 家や庭の掃除をどれぐらいしていますか？ a ほとんどない b ときどき(週に1回以上) c 多い(1日に1回以上)
27. 庭の草取りやガーデニングをどれぐらいしていますか？ a ほとんどない b ときどき(週に1回以上) c 多い(1日に1回以上)
28. 植物への水やりをどれぐらいしていますか？ a ほとんどない b ときどき(週に1回以上) c 多い(1日に1回以上)
29. ペットの世話をしていますか？ a ほとんどない b ときどき(週に1回以上) c 多い(1日に1回以上)
30. 小さな子供の世話をしていますか？（服を着せたり一緒に遊んだりなど） a ほとんどない b ときどき(週に1回以上) c 多い(1日に1回以上)
31. 小さな子供を抱き上げることはありますか？ （抱っこをしたり肩車をしたりなど） a ほとんどない b ときどき(週に1回以上) c 多い(1日に1回以上)
32. 高齢者や病人の世話をしていますか？ a ほとんどない b ときどき(週に1回以上) c 多い(1日に1回以上)
33. どれぐらいお風呂に入りますか？（またはシャワーを浴びますか？） a ほとんどない b ときどき(週に1回以上) c 多い(1日に1回以上)
34. 裁縫や工作をすることはありますか？ a ほとんどない b ときどき(週に1回以上) c 多い(1日に1回以上)
35. 楽器を演奏することはありますか？ a ほとんどない b ときどき(週に1回以上) c 多い(1日に1回以上)
36. 自転車に乗ることはありますか？ a ほとんどない b ときどき(週に1回以上) c 多い(1日に1回以上)

【採点】
a：1点
b：2点
c：3点

▼採点法

すべての採点が終わったら、点数を合計してください。**a**が1点、**b**が2点、**c**が3点となります。点数の見方はおおよそ次のようになります。

■40点以下　―　平均的な日本人よりも極度に活動レベルが低いようです。せめて1日の歩数が4000歩を超えるようにがんばりましょう。

■50点〜69点　―　1日の大半を動かずに過ごしており、活動レベルはやや低めです。このレベルにいる人は、エクササイズやスポーツに手を出すのではなく、日常の生活で活動量を増やすように心がけましょう。たとえば、20分ごとにイスから立ってストレッチをしたり、エレベーターではなく階段を使う、などです。

■70点〜89点　―　適度に活動的なレベルです。これだけ体を動かしていれば問題はなく、脳もクリアな思考を保ちやすいでしょう。

■90点以上　―　かなり活動的なレベルです。これより上を目指す必要はありません。

このテストは毎日行う必要はありませんが、2〜3週間おきにチェックして自分の活動レベルをつかんでおくといいでしょう。**基本的にはテストで70点を超えていれば、あなたの脳は正常な働きを保ってくれる**はずです。

自己認識を深めるためのトラッキング技法は以上です。**いずれのテクニックも、心理療法や組織心理学の現場などで実際に使われているものばかりなので、客観的な視点をあなたが取り戻すために役立ってくれる**でしょう。

しかしここで取り上げた以外にも、日々の行動を記録する方法はいくつも存在します。特に近年では、毎日の行動を手軽に記録できる「ライフログ系」のアプリも多く公開されているので、そちらを試すのもいいでしょう。具体的には、「時間管理 — TIME HACKER」や「SilentLog」などのアプリが有名です。

いずれにせよ、ここでもっとも重要なポイントは3つです。

1 自分の心と体にどのようなネガティブな変化が起きているのかを把握する

2 ネガティブな変化を引き起こす原因を理解する

3 ネガティブな変化で客観性が曇らないように対策を立てる

これらの要点さえ押さえておけば、どのようなトラッキングツールを使っても構いません。常にクリアな思考を保つためにも、トラッキングのパワーを存分に活用してみてください。

CHAPTER

05

客観力の最大の敵「反すう思考」に立ち向かう方法

「反すう思考」があなたから客観性を奪う

本書では、ここまで大きく2つのポイントを取り上げてきました。

1 客観力を高めるために自分への理解を深める
2 客観的な思考を曇らせる原因を特定する

各パートでお伝えしたテクニックを実践していけば、あなたは自分のことをより深く理解し、確実に客観的な視点をキープできるようになっているはずです。

しかしまだまだ安心はできません。**「客観力」とは、いったん鍛えれば万事OKというわけではなく、放っておけばすぐにまた能力が低下していくもの**だからです。

これはどんな人にでも当てはまる事実であり、どんなシチュエーションでも明晰で客観的な思考を保ち続けられる人はいません。他人の目からはどれだけ冷静な思考を保てる人でも、**意識して客観性の維持に取り組まない限り、その能力は下がってしまう**のが普通なのです。

いわば私たちの「客観力」とは窓ガラスのようなもの。窓をいつでもキレイに保つためには、拭き掃除を1回だけすればよいはずはなく、こまめな水拭きと乾拭きを何度も続けねばなりません。「客観力」もこれと同じで、意識して汚れを取り除き続けなければならないのです。

そこで本章では、あなたの客観力を下げてしまう原因をさらに解析し、その原因に立ち向かう方法を深く掘り下げていきます。果たして、あなたの思考から冷静さを奪い去る根っこの問題とはなにか？　根本的な問題をクリアするにはどのような対策が取れるのでしょうか？

私たちの「客観力」を曇らせる原因はいくつも存在するものの、結論から言えば、なかでも大きな問題なのが「反すう思考」です。「反すう」とは、牛が胃から草を口にもどして何度も噛み続ける行為を指しますが、**ここで言う「反すう」は、自分の欠点や過去の失敗をくり返し考え続けてしまう現象を意味します**。

どのような人でも、ふとした瞬間に自分の欠点や過去の失敗が頭のなかに浮かび、ネガティブな思考に取り憑かれてしまった経験はあるでしょう。「なんで自分はスキルが低いんだ……」や「あの時、あんなことを言わなきゃよかった……」などの思考が頭から離れなくなり、どんどんメンタルが落ち込んでいくような状態です。

このような心理が、クリアな思考に悪影響を与えることは言うまでもありません。

たとえば、あなたが「自分は論理的な思考力が低い」という思考を定期的に反すうしていたとしましょう。すると、その反すうはあなたの無意識へ澱《よどみ》のようにこびりつき、いざ仕事などで本当に論理思考が必要な状況になっても、「私には無理だからな……」といった思考が反射的に脳内に浮かび、問題に取り組む勇気をあなたから奪い去ってしまうのです。

また、近年の心理学では、**「反すう思考」が鬱病の最大原因のひとつとも考えられており、この傾向が強い人ほど抑鬱《よくうつ》や不安に苦しみやすい**との報告が、さまざまな研究機関から出されています。「反すう思考」に対処してメンタルを健やかに保ち、客観的な視点をキープするように意識しましょう。

[〝反すう思考〟が鬱病の最大原因のひとつ]

「反すう思考テスト」で現時点の反すう思考レベルをチェック

このように「反すう思考」は客観性の敵であり、**普段から自分の失敗やミスにこだわりがちな人ほど対策に取り組む必要があります。**具体的な方法については後のページで紹介していきますが、その前に自分の「反すう思考」レベルをチェックしておきましょう。

どんな問題に取り組むときも、まずは現状把握がはじめの一歩です。いまのあなたが普段からどれぐらい「反すう思考」にとらわれているのかを理解しておかなければ、対策もおぼつきません。

そこで、まずは「反すう思考テスト」を使って現状をつかんでみましょう。このテストは心理療法の世界などでも使われるもので、あなたが日常的にどれぐらい反すうを行っているのかを採点することができます。

次のページの**7つの質問について、5点満点で点数をつけてみてください。**

1点―ほとんどない　2点―少ない　3点―ときどきある　4点―多い
5点―ほぼいつもある

▼反すう思考テスト

Q１　考えるのは止めたいと思うようなことでも、意識が集中してしまうことが多い
Q２　自分が言ったこととやったことを、何度も頭の中で振り返っている
Q３　自分に関するネガティブ思考を止めるのが難しいときがある
Q４　やってしまったことを振り返って考え込むことがよくある
Q５　議論や対立が過ぎてからしばらく経った後で、その内容について思い返すことがよくある
Q６　過去の特定の状況について、自分が振る舞った行動を頭の中で再生することがよくある
Q７　恥をかいた体験を頭の中で思い返す作業に時間を使うことがよくある

▼採点法

採点が終わったら、平均点を出してください。すべての点数を合計し、7で割って余りは切り捨てます。各点数の見方は次のようになります。

■平均が1〜2点　—　ほとんど反すうをしないタイプです。ネガティブな思考の反すうが始まったとしてもうまく断ち切ることができており、それによって自己省察の能力が高まっています。

反すうに無駄なエネルギーを使っていないため、あまった活力はより深い自己認識のために使うように意識するといいでしょう。

■平均が3〜4点　—　反すうのレベルは普通です。自分の反すう思考に気づいて止められる時もありますが、そのまま乗っ取られてしまうこともあります。

反すう思考の量を減らすには、定期的に「いま自分は反すう思考に巻き込まれていないか？」を意識しておき、どんな状況で反すうが起きやすいかを探っておきましょう。ある程度のパターンが見つかったら、この後のページで紹介する反すうを止めるテクニックを使ってください。

■平均が5点以上 ― 反すう思考レベルは非常に高く、自分で反すう思考に気づいても止めることができない状況になっています。この問題に対処するためには、反すうのトリガーを理解することに全力を尽くすといいでしょう。

誰かに会った時に、いつもより反すうが増えてしまうことはないか？　反すうが増えやすい場所はないか？　つい反すう思考がわいてしまう状況はないのか？

このようなポイントに意識を向けておき、まずは自分が反すうにとりつかれやすいシチュエーションを理解しておいてください。

「反すう思考」に立ち向かう3つの技法

自分の反すう思考レベルを把握したところで、いよいよ対策に移りましょう。心理療法の世界では「反すう思考」に立ち向かう方法がいくつも開発されていますが、ここではもっとも手軽な手法を3つだけに絞って紹介します。

反すう対策1　Whatの質問

「なぜ?」を「なに?」に変えて自己認識を深める

自己認識のメンテナンスを行うにあたり、もっとも手軽なのが「What の質問」という技法です。その名のとおり、**「なに?」(What) の質問を使って日常のトラブルや疑問に取り組む方法のことで、客観的にものごとを考えたいときに大きな効果を発揮**します。

具体例をいくつか挙げてみましょう。

問題「同僚の無礼な態度に対してカッとなった」
→What の質問「自分は彼の態度の〝なに〟にカッとしたのだろうか?」

問題「取り組んでいたプロジェクトが失敗した」
→What の質問「失敗のダメージを最小限に抑えるためには、〝なに〟をすべきだろうか？　この失敗を有効に使うためには、〝なに〟が必要だろうか？」

ひょっとしたら、この例を見て「当たり前じゃないか？」と思った方も多いかもしれません。トラブルが起きた後で「なにをすべきか？」と考えるのは当然のことで、ことさら「すごいテクニック」として持ち上げる理由はないように思えるでしょう。
しかし、その考え方は大きな間違いです。何らかの問題が起きると、私たちはつい「なぜ？」（Why）の質問を使ってしまう傾向があるからです。たとえば、さきほどの例で考えてみましょう。

問題「同僚の無礼な態度に対してカッとなった」
↓一般的な反応「〝なぜ〟同僚はあんなに嫌な態度を取ったのだろうか？　〝なぜ〟自分はあそこまでカッとなってしまったのだろう？」

問題「取り組んでいたプロジェクトが失敗した」
↓一般的な反応「〝なぜ〟プロジェクトは失敗したのだろう？　〝なぜ〟自分はあんなミスをしてしまったのだろう」

トラブルが起きた際にその原因を知りたくなるのは、人間のごく自然な反応です。仕事でもプライベートでも、なんらかの問題が起きれば、ついつい誰もが「なぜ？」と自問してしまうものです。

しかし、**自己認識という観点からすれば、この質問がうまく働くケースはさほどありません**。なぜなら、**「なぜ？」という疑問は答えの範囲があまりにも広すぎる上に、そもそも正しい答えなど知り得ないケースも多いから**です。

たとえば、「同僚の無礼な態度にカッとなった」という場面で考えてみましょう。ここで「〝なぜ〟同僚はあんなに嫌な態度を取ったのだろう？」と考えてみた場合、思いつく答えは大量に存在するはずです。

「そもそも同僚が現在の仕事に向いていないから」「同僚の人間性に問題があるから」「こ

ちらのことが実は嫌いだから」「単にその瞬間だけ機嫌が悪かったから」「事前に嫌なニュースを見過ぎたせいでイライラしていたから」……。

これら無数の仮説のなかから、真実を選び出すのは難しい話です。

「同僚が仕事に向いてない」や「同僚の人間性に問題がある」といった仮説は何度も検証をくり返さないと実証できませんし、「その瞬間だけ機嫌が悪かった」などの考え方については本人の主観が大きいため客観的な判断にはなじみません。

また、**多くの研究によれば、たいていの人は「なぜそのような行動を取ったのか?」と尋ねられても、自分の本当の動機をちゃんと判断できない**こともわかっています。

62ページでも述べたように、私たちは1日のうちに無数の思考を浮かべているにもかかわらずその大半を記憶に残すことができません。その結果、多くの人は自分でも本当の動機が何だったのかを認識できず、最終的には「これは真実だと感じられるな……」と思える答えに飛びついてしまうのです。

「同僚の無礼な態度にカッとなった」という例で言えば、もしあなたが以前からその同僚に嫌な印象を抱いていれば、「彼の人格に問題がある」や「彼はこの仕事への適性がない」のように、相手に否定的な仮説を「正しい答え」として選ぶ確率は高くなるでしょう。

これに対して、もしその同僚に好意的な印象を抱いていれば、「なにか悪いことがあったのだろう」や「彼もいろいろ大変なのだろう」など、相手の気持ちを忖度《そんたく》するような解釈を「正しい答え」として採用したくなるはず。**私たちの判断は基本的に感情や印象に大きく左右されるため、「なぜ？」の質問だけでは道を誤る可能性が増えてしまう**ものなのです。

また、「なぜ？」の質問がよくない理由としてはもうひとつ、「ネガティブな思考が生まれやすい」という欠点もあります。**「なぜ？」の質問は、正しい答えを導くのに不適当なだけでなく、あなたのメンタルを落ち込ませてしまう可能性がとても高い**のです。

たとえば、先にも見た「取り組んでいたプロジェクトが失敗した」という事例で考えてみましょう。

自己認識に関する複数の研究によれば、ここで「〝なぜ〟自分はあんなミスをしたのだろう？」と考えた場合、「私の能力が足りないから？」や「まだまだスキルが身についていないからだ」のように、自分の欠点や未熟さにスポットライトを当てた方向でものごとを考えてしまう人が非常に多いと言われています。もともと人間はネガティブな情報に意識が向きやすい生き物なので、ついつい**自分の能力への客観的な評価を忘れてしまい、よりマイナスの方向に思考を深めていきやすいもの**なのです。

この現象は内省的な人にほどよく見られ、頭のなかでいろいろと考えるのが得意な人ほど、「なぜ、」「なぜ?」の質問によってメンタルを病む可能性は高くなります。「なぜ失敗したのか?」や「なぜ評価が悪いのか?」などについて考えすぎた結果、頭の中がネガティブな思考でいっぱいになり、不安や虚無感が増してしまうからです。これは、自己分析に取り組む人の多くがハマりがちな罠なので、ぜひ意識しておいてください。

「なに?」の質問でトラブルをトレーニングのチャンスに変える

一方で、「**なに?」の質問には、私たちの脳の客観スイッチがオンになりやすい**という特徴があり、同時に前向きな思考をうながす働きも持っています。

具体的には、さきほど取り上げたように「同僚の無礼な態度にカッとなった」という状況について「〝なぜ〟同僚はあんな態度を取ったのだ?」と考えても良い答えは出にくいでしょうが、ここで「自分は彼の態度の〝なに〟にカッとしたのだろうか？」と考えてみたらどうなるでしょうか？

「自分が怒りを覚えたポイントはいくつもあるなぁ……。たとえば、あの人を見下したような表情にもムカついたし、急に大きな声を出したのにもイライラした。でも、そのなかでも一番頭にきたのは、あいつがトラブルを解決しようとせずに、ひたすら自己弁護をしてたところだな……」

「なぜ？」から「なに？」へと自問の仕方を少し変えただけでも、トラブルを自己分析の手段として使えるようになるわけです。

さらに、ここから自己認識をもう一段階深めたいときは、「なに？」の質問を次のように重ねていくのもいいでしょう。

- **自分を怒らせるような状況には、ほかに〝なに〟があるだろうか？**

同僚のトラブルを取っかかりとして、「**自分の怒りはどんな条件で発動しやすいのだろう？」とのポイントに意識を向けていく**わけです。

「とにかく自分は前向きな解決策を出したいのに、『あいつが悪い』や『彼のミスだ』みたいな非難ばかりになると本当にイラつく。あとは、批判のやりあいばかりが続いて貴重な時間が過ぎてしまうときにも怒りが込み上げるなぁ」

このように、**日ごろから意識して「なに？」の質問で自己を掘り下げておけば、日常で起きる問題を自己認識のトレーニングに使うことができます**。この例で言えば、「自分はこのような場面で怒りやすい」という理解が深まったおかげで、次に似たような状況が起きたときにも冷静で客観的な思考を保ちやすくなるでしょう。

また、「なに？」の質問は、自己認識のトレーニングだけでなく、トラブルを前向きな解決に導くためにも使うことができます。たとえば、「同僚の無礼な態度にカッとなった」という問題であれば、次のように問いを立ててみましょう。

・同僚との関係性を改善するために、これから私が行うべき行動はなんだろうか？
・このトラブルを解決して前に進むために、今後、私が取れそうなステップはなんだろうか？

この考え方であれば、無闇に自分を責めることはなくなり、いまの状況の改善につながる前向きな解決策を思いつきやすくなるでしょう。「**なに？**」**の質問には具体的なアクションをうながす働きがあるため、ネガティブな思考に無駄なエネルギーを使わずに済む**からです。

「なに？」の質問が停滞を突破させる

「なに？」の質問の効果は、定量的な研究でも確認されています。

心理学者のウィリアム・スワンが行った実験では、大学生の参加者を集めたうえで、まずは全員の性格に関するネガティブな評価を与えました。

具体的には、みんなに「性格検査をした結果、あなたは他人よりも好感度やコミュニケーション能力が低い傾向があるようです」と伝えて、どのような反応を示すかを調べたのです。もちろん、この性格検査はにせもので、全員に対して同じように否定的な意見を伝えています。

その際に、研究チームは参加者に2つのやり方で自分のパーソナリティについて考えるように指示しました。

1 「なぜ私は他人より好感度が低いのだろう？」と考える

2 「なにが私の好感度を他人より低くしているのだろう？」と考える

その後で参加者たちの反応を調べたところ、興味深い傾向が確認されます。

第一に、**「なぜ？」の質問で自己分析を行った人は、ひたすら「自分はコミュニケーションの能力が低いとは思えない」といった否定に力を注ぎ込む傾向がありました。**ところが、その一方で、**「なに？」の質問で自己分析を行った人は、「確かに自分はコミュニケーションができない場面もあるので、どんな状況で会話が苦手になるのかをあらためて確かめた方が**

いいかな?」のように、フィードバックを客観的に受け取って次に生かそうとする傾向が強かったのです。

もちろん、私も「なに?」の質問は日ごろから意識しており、ビジネスの問題解決に役立てています。

たとえば、最近もっとも役に立ったのは、ニコニコ動画の会員数の問題に取り組んだときでした。ご存じの方も多いでしょうが、私はニコニコ動画という動画配信サービスで定期的に心理学の情報を有料でお伝えしており、いまや14万人に近いユーザーに入会していただいています。

というと順風満帆のように聞こえるかもしれませんが、実際には会員数が一向に増えずに苦悩した時代が何度もありました。

特に停滞が続いたのは会員数が1万人に達した直後のことで、毎月の増加率は一進一退をくり返すばかり。最初は私も「なぜ?」の質問の罠にハマってしまい、「なぜ会員数の増加が止まってしまったのだろう?」と考え続けたせいで、うまい解決策を思いつくことができませんでした。

放送の内容が飽きられているのでは？　自分の振る舞い方がよくなかったか？　情報の伝え方が悪かったのか？

さまざまな仮説は次々と頭に浮かぶものの、どうしてもネガティブな内容に偏りがちになり、これといった対策に結びつかないのです。

しかしそんなある日、かつて読んだ論文の内容を思い出し、「なに？」の疑問を使ってみたところ事態が大きく動き始めました。「会員数の増加が止まってしまったのはなぜ？」ではなく、「より多くの人に心理学の情報を伝えるために、私はなにをすべきだろうか？」「会員の満足度を上げるためにできる具体的なステップはなんだろう？」と考え始めたところ、改善プランが頭の中に浮かび上がってきたからです。

放送の回数を増やしてみる（逆に減らしてみる）、より生活者の実感に近い放送のテーマを選ぶ、マニアックになり過ぎない情報を優先的に選ぶ、YouTubeでより広い層にアピールしてみる……。

このように細かいアクションを思いつくと、行動のスピードも速くなります。勢いづいた私は頭に浮かんだプランを次々に試していき、ようやく「正解」にたどりつきました。ものは試しとYouTubeチャンネルに心理学の簡単なＴＩＰＳ動画をアップし始めたところ、ニコニコ動画への流入が劇的に増加を始めたのです。

いまからすれば当たり前な対策のようにも思えますが、当時の私は「無料動画サイトのユーザーは、課金してまで会員にはならないだろう」と思い込んでおり、ずっとYouTubeの活用には二の足を踏んでいました。**「なぜ？」の質問でものごとを考えていたため、思考が凝り固まっていた**わけです。

ところが、「なぜ？」から「なに？」に思考を切り替えたことで、いまいちやる気がなかったYouTubeの活用にも「ダメ元で試しにやってみるか」との気持ちが生まれました。そのおかげですぐに1万人の壁を突破できたどころか、いまでは約14万人の会員数をほこる巨大なコミュニティに成長したのですから、やはり何事も実験してみないとわからないものです。

「なに？」の質問には、このように凝り固まった頭をほぐし、あなたに客観的な思考と行動をうながすパワーがあります。日々の仕事やプライベートでなんらかの問題が起きたら、ぜひ「なに？」の質問を使うように心がけておくといいでしょう。

反すう対策2　思考の棚上げ

「あとでまた考えよう」が反すうを食い止める

反すう対策の2つ目は「思考の棚上げ」です。簡単に言えば、**「あとでまたネガティブなことを考えよう」と自分に言い聞かせて、その場をどうにかしのぐ手法**です。

「そんなことで反すう思考が防げるの？」と思われたかもしれませんが、これは実際にアメリカのペン州立大学が効果を確かめたテクニックのひとつ。同大学の研究チームは、反すう思考に悩むことが多い被験者に、前もって次のように紙に書き出すように指示しました。

- 午後3時から30分間は、仕事のプロジェクトについて不安になる
- 寝る2時間前までに、明日の仕事ですべきことについて悩んでおく

要するに、不安になるための内容と時間を明確に決めておき、実際にそのスケジュールに従って悩むようにしたわけです。

そんなことで反すう思考に対処できるのか？　と思うかもしれませんが、その効果は絶大でした。**「思考の棚上げ」を行なった被験者は全体的なネガティブ思考の量が減り、日中もクリアな思考を保ち続けることが可能になった**のです。ついつい自分のミスや将来の不安などに悩んでしまう人には、試す価値があるでしょう。

ネガティブ思考のサイクルが脳内を蝕む

この手法が反すう思考に効くのは、そもそも**私たちの脳が、ひとつの思考を長い時間にわたって考え続けるようにはできていない**からです。

たとえば、あなたが「これから企画書の内容について考えよう」と思ったとしましょう。

この場合、よほど企画の内容に興味があるケースをのぞいて、たいていの人は集中力を20

分も維持できません。「なんだかお腹が空いたな……」や「昨日アマゾンで注文した商品がまだ届いてないな……」などの雑多な思考が常に頭をかけめぐり、そのたびに注意がそれてもともとの思考を忘れてしまうからです。これがヒトの脳のデフォルトの働きであり、私たちの頭は特定のものごとに集中するのがとても苦手なのです。

ところが、これがネガティブな思考の場合は少し勝手が違ってきます。「この仕事でミスったらどうしよう……」や「来月の支払いに間に合うかな……」のような**不安な思考は、ポジティブな思考よりも私たちの注意を引きやすい**からです。

そのため、いったんネガティブな思考から気をそらせたとしても、あなたの意識は何度ももとの不安にもどっていきます。「お金の心配よりも、まずは目の前の仕事をやらねば！」と考えたのに、すぐに「それにしてもお金が心配だ……」という考えが復活し、そこからまた仕事に意識を向け直したとしても、また数秒後にはもとの不安がぶり返す。このような思考のサイクルが何度も続くうちに、少しずつ

あなたのメンタルは蝕まれていくのです。

しかし、**ここで「思考の棚上げ」を使うと、この現象を克服しやすくなります**。「お金の心配は16時からにしておこう」と事前に決めておくことで、不安な思考に何度も意識がもどってしまう脳の働きが止まり、ネガティブなサイクルをいったん断ち切ることが可能になるからです。

先にも述べたとおり、私たちの脳は、ひとつの思考を長い時間にわたって考え続けるようにはできていません。そのため、**いったん反すう思考のサイクルにくさびを打ち込めれば、ネガティブな思考もそこまで長続きはしない**わけです、

「思考の棚上げ」を使うときは、以下のようなステップを意識してください。

1 いまの自分がもっとも不安を抱きがちな思考について考える（人間関係の悩み、お金の悩み、健康の不安など）

2 その不安な思考を「考える時間帯」と「具体的な悩み方」を考えて、簡単な文章で紙に書き出しておく

例

16時から支払いについての問題を悩む。その際は、現在の資産状況がどうなっているかを把握するようにする

これらのポイントを満たしておけば、あとはどのような悩みを設定しても問題ありません。ヒトの脳の仕組みをうまく使って、反すう思考に立ち向かってください。

反すう対策3　注意訓練

五感に意識を向けて注意力をアップしよう！

くり返しになりますが、「反すう思考」とは、未来への不安に取りつかれ、目の前の対象に

ついてクリアに考えられなくなってしまう心理状態を意味します。別の言い方をすれば、**「反すう思考」とは、いまの人生を生きずに未来の人生を生きているようなもの。**まだまだ起きてもいない未来への恐怖に巻き込まれ、客観的な視点を失った状態だと言えるでしょう。

そこで重要になるのが、「注意訓練」というトレーニング法です。その名のとおり、あなたの注意力を鍛える手法のことで、あなたの意識を架空の未来から引きはがし、現在に目を向け直させるのが最終ゴールになります。

ここまで取り上げてきた2つの手法よりも**メリットを実感するまでに時間はかかりますが、それだけに長く続ければ大きな効果を得られます。**「反すう思考」テストの点数が高かった人は、まずはこちらに重点的に取り組んでみてください。

それでは、「注意訓練」の具体的なやり方を見てみましょう。

STEP 1　タスク設定

最初に、**注意訓練に使うための日常的なタスクをひとつ選びましょう。**毎日の生活でいつもやっているタスクであればなんでもＯＫで、たとえば、皿洗い、洗濯、庭いじり、シャワー、掃除機をかける、食事をする、歯磨きをする、散歩をするなど、いつも無意識のうちに行っている平凡なもので構いません。

STEP 2 注意の採点

続いて、**実際のトレーニングに取り組む前に、あなたの現在の注意レベルをざっくり自己採点しておきます**。やらねばならないタスクがある時に、いつもの自分は、どれぐらい注意力が「反すう思考」に向かってしまうのかを、次のようにパーセンテージで割り振ってみましょう。

例

反すう思考へ向かう注意の割合＝70％
やるべきタスクへ向かう注意の割合＝30％

STEP 3 注意訓練

ここからが注意訓練の本番です。ステップ1で選んだタスクをしつつ、実際に注意力をトレーニングしていきます。

たとえば、あなたが皿洗いを注意訓練の対象に選んだケースで考えてみましょう。いつものように皿を洗い続けていると、ほどなくあなたの意識は皿の感覚から逸れていき、明日の仕事のことや最近おもしろかったテレビの内容など、雑多な思考が頭の中に浮かび始めるはずです。これはどんなに注意力がある人にも起きる現象なので、特に気にしなくても構いません。

そして、このように目の前のタスクから意識がそれた瞬間こそが注意訓練のチャンスです。ここからは、以下のように自分に質問を投げかけながらトレーニングを進めてください。

1 触覚——いまやっている作業はどのような感覚だろうか？(粗い、滑らか、温かいなど)このタスクをしている最中には、体のどこが接触しているだろうか？　接触の多い部分や少ない部分はあるだろうか？

例

皿のすべすべした感覚と、お湯の温かい感覚があるな……。おもに手のひらが皿に接触している……。

2 視覚——そのタスクについて、目で見て何か気づいたことはありますか？　もっとも目が向いてしまうのはどのような点ですか？　そのタスクの目に見える特徴はどのようなものでしょうか？　光の当たり方には特徴がありますか？　影のつき方は？　輪郭線は？　色は？

例

皿の表面に、思ってもいなかったデコボコがあるな……。ステンレス食器は、よく見ると細かい線みたいなものが入っている……。お湯が当たっている自分の手は、いつもよりほんのり赤みがさしているな……。

3 聴力——そのタスクについて、どんな音が鳴っていることに気づきますか？　どのようなノイズが起きていますか？

例

勢いよく出てくる水の音と、お湯が皿に当たると少し音の調子が変化するのがおもしろい……。洗い終わった皿を重ねるとガチャリという音が鳴るが、食器の種類によって音が変わる……。

4 **匂い** ― そのタスクについて、どんな匂いがしますか？　その匂いは作業中にどのような変化を起こしますか？　匂いの種類はいくつありますか？

例

水に少し混ざった塩素のような匂いと、洗剤に入っているライムのような香料の匂いが気になる……。洗い進めるうちに、ライムの匂いは少しずつフェードアウトしていく感じだな……。

5 **味** ― そのタスクについて、どんな味がしますか？　その味わいは、作業中にどのような変化を起こしますか？　その味の質感はどのような感じですか？

例

> 皿洗いに味覚は関係ないので、この質問は関係ないな……。

以上のトレーニングを行う際は、特に**質問の答えを紙に書き出す必要はありません。すべての質問は、目の前のタスクに注意を向け続けるために使ってください。**

それぞれの質問はそこまで深く考えなくてもよく、ひとつの質問に5秒ぐらい使ったら、パッパッと次に移りましょう。もし自問自答の最中にまた気がそれたら、あわてずにまた目の前のタスクに意識をもどせば問題なし。**目の前のタスクに意識を戻すたびに、あなたの注意力は確実に向上し、前よりも反すう思考に飲み込まれなくなっていくはず**です。

STEP 4 注意訓練の採点

ひとつの注意訓練が終わったら、再び現在の注意レベルを採点してみましょう。注意訓練を終えたあとで、どれぐらい注意が「反すう思考」に向かってしまうのかを、またパーセンテージで割り振ってみましょう。

例

反すう思考へ向かう注意の割合＝50％
やるべきタスクへ向かう注意の割合＝50％

STEP 5 注意訓練の振り返り

最後に、注意訓練から学んだことについてあらためて考えてみてください。この注意訓練からどんなことを学んだでしょうか？ そこからどんな結論を引き出すことができるでしょうか？

例

慣れた作業をしていると、やはり数秒で違うことを考え始めてしまう。だいたいの場合は、仕事の問題について考えているケースが多いようだ。五感に意識を向ける作業は、最初のうちは大変だったけど、慣れていくとなんだかいつもの皿洗いが楽しくなったような気がする。この感覚を覚えておけば、なにかネガティブなことを考え始めたときも、すぐに目の前の作業にもどれるかもしれない。

あなたの客観性を曇らせる「反すう思考」に立ち向かうためのテクニックは以上です。日常的に起きる不安の感情やネガティブな思考については「なに？」の質問や「棚上げ」でやり過ごしつつ、1日に1回ぐらいのペースで「注意訓練」を行っておけば、少しずつあなたのマインドは「反すう思考」にまどわされにくくなっていくはず。

もちろん、**すべてのネガティブな思考と感情を完全に処理するのは至難の業ですが、毎日の「反すう思考」が少し減るだけでも、あなたの客観性を維持する大きな助けになります。**

本章で取り上げたテクニックを意識しながら、ぜひ客観的な思考を保てるように意識してみてください。

CHAPTER

06

Googleが最重要視！最強の判断力を手に入れる方法【知的謙遜】

Googleが最重要視する特性「知的謙遜」とは？

「知るを知るとなし、知らざるを知らずとなす、これ知るなり」

論語にこんな言葉があります。孔子が門弟の子路に語った言葉で、「自分が持つ知識や情報の範囲を把握し、逆に自分が何を知らないかを正しく理解する。これが、ものごとを本当に『知る』ことだ」という意味です。

実に含蓄に富む言葉ですが、孔子の考え方の正しさは、近年科学の世界でも裏付けられ始めています。**「知らざるを知らずとなす」態度を身につけると、私たちの判断力は大きく上がり、結果として高い客観性が育まれる**事実が明らかになってきたのです。

このような態度を、心理学の世界では「知的謙遜」と呼びます。文字どおり、**自分の知識の限界をちゃんと把握できている状態のことで、ソクラテスの「無知の知」にも近い考え方**と言えます。

Googleのような先端企業はすでに「知的謙遜」の重要性を深く認識しており、同社で人事を担当したラズロ・ボック氏は次のようにコメントしています。

「Googleでは、社員を採用する際に謙虚さと責任感を重視します。あらゆる問題を解決しようと試みるオーナーシップを持ちつつも、自分の立場に固執せずに他人のアイデアを受け入れる謙虚さを求めるのです。仕事の最終目標は、問題解決のためにチームとして働くこと。そのためには、チームのために貢献しながらも、自我を引っ込める態度が大事になります。

他者の貢献を正しく認めるには、ただの謙虚さではなく『知的謙遜』さが欠かせません。知的な謙虚さがなければ、私たちはものごとを深く学ぶことはできないからです。優秀な人ほど失敗を経験したケースが少なく、失敗から学ぶ方法を学べていないことはよくあります」

知的な謙虚さがないと自分が犯した失敗から改善点を学ぶことができず、いつまでたっても客観的な力が育たない、というわけです。

実際のところ、有名なビジネススクールを首席で卒業したような学生たちが、仕事の現場で持ち前の能力を発揮できない事態はよく見られます。このような現象が起きるのは、優秀な人たちほど知的な謙虚さがないことが多く、そのせいで「根本的な帰属の誤り」と呼ばれる心理的な罠に囚われやすくなるからです。

「根本的な帰属の誤り」とは、良いことが起きたのは自分のおかげで、悪いことが起きたのは他人のせいだと考えてしまう心理のこと。**人間は誰しも自分のことをかわいく思う生き物なので、どんなに知的なレベルが高い人でも、ミスや失敗を他人に押しつけてしまう傾向がある**のです。

再び、ラズロ・ボック氏の言葉を見てみましょう。

「知的レベルが高い人たちは、根本的な帰属の誤りを犯しやすい。何か良いことが起きた場合は、彼らは自分が天才だったからだと考える。逆に何か悪いことが起きた場合には、彼らは他の誰かが愚かだったか、または自分が十分なリソースを得られなかったのが原因だと考えてしまう」

確かに、このような考え方を続けていては成長は見込めないでしょう。常に「失敗は他人のせいだ」と考えていては客観力が育つはずもなく、正しい判断をすることができないからです。

知的謙遜でデータやファクトの精査が上達する

もちろん最近は「知的謙遜」の研究も進み、その高い効能が確認されています。たとえば、2017年にデューク大学が行った実験を見てみましょう。

研究チームは、まず被験者に「どれぐらい自分の知識の限界を知っていますか？」のような質問を投げかけ、全員の知的謙遜レベルを測定。そのうえで「難民はすべて追い出すべきだ」のような極論を主張するエッセイや、「デンタルフロスはどこまで役に立つか？」といった健康に関するデータを読むように指示し、それぞれの内容がどれだけ客観的な事実に基づいているかを判定させました。

ここでチームは、「知的謙遜」の内容を次のように定義しています。

「知的謙遜が強い人は固い信念を持っているが、そのいっぽうで自分の間違いやすさに気づいており、問題の大きさにかかわらず何を誤ったのかを知ろうとする意志を持っている。日常的な言葉で言えば、『柔軟な心』に近いだろう」

自分がどれだけミスを犯しやすい人間なのかを受け入れ、その認識に従って適当な行動

を取れるかどうかが「知的謙遜」の大事なポイントです。

さて、この研究では、知的謙遜のレベルが高い人ほど以下の傾向が認められました。

- **忍耐力、好奇心、中立性が高い**
- **自分と意見が異なる相手でも、簡単に批判をしない**
- **データやファクトを精査するのがうまい**

いずれも客観的にものごとを判断するためには欠かせない能力ばかりでしょう。**自分の限界を知っている分だけ「根本的な帰属の誤り」にまどわされにくく、異なる意見に対しても寛容な態度を崩さず、ちゃんと事実に基づいた判断をくだせる**わけです。

この結果について、研究チームはこうコメントしています。

「間違いを恐れずにしっかりと認める態度には、それ自体に立派な価値がある。そして、この態度は意識して伸ばすことができると考えられる。すべての人が知的謙遜を少しだけ伸ばしていければ、お互いへのフラストレーションは減り、つまらないケンカもなくなるだろう」

要するに、**「知的謙遜」は客観的な判断力を高めるだけでなく、日々のフラストレーションを下げる働きも持ちます。**Googleが重要視するのも当然かもしれません。

まずは自分の知的謙遜を計測してみよう！

それでは、ここから「知的謙遜」を育てるパートに移りますが、その前に自分の現状を把握しておきましょう。いまのあなたがどれぐらい「知的謙遜」の態度を持っているのかを数字でつかみ、そこから改善プランを考えていくフェーズです。

そこで使ってほしいのが「知的謙遜」を計測するための22問です。ペパーダイン大学が開発した尺度で、数千人を対象にした調査が行われ、自分の「知的謙遜」レベルを正しく理解できることがわかっています。

「知的謙遜」を計測する22の質問

1点：まったく違う、2点：違う、3点：賛成でも反対でもない、4点：賛成、5点：強く賛成できる

番号	質 問	採点	星
Q1	自分のアイデアはいつも他人のアイデアより良い		★
Q2	たいていの場合、自分が他人から学ぶことよりも、他人が自分から学ぶことのほうが多い		★
Q3	自分の信念に自信があるときには、その信念が間違っているケースはまずない		★
Q4	たいていの話題において、自分の知識を使って意思決定をしており、他人の専門性に頼ることはない		★
Q5	重要な話題について、他人の視点に惑わされることはない		★
Q6	他人から自分の意見が間違っていると教えられた場合、重要な意見でも変えることができる		
Q7	重要な問題について良い理由があれば、自分のポジションを変える意志がある		
Q8	自分の重要な信念でも、新たな情報があれば変えることができる		
Q9	納得できる理由があれば、積極的に自分の意見を変えたい		
Q10	重要な話題がでっち上げだとわかったら、すぐに考え方を変えたい		
Q11	自分が行う意思決定の方法と、他人が行う意思決定の方法の違いを尊重する		
Q12	他人の意見を聞いて自分の立場を変えることはほとんどない		★
Q13	重要な問題について違う考え方を聞いてみたい		
Q14	重要なトピックについて意見が合わない相手とも、冷静に対話ができる		

1点：まったく違う、2点：違う、3点：賛成でも反対でもない、4点：賛成、5点：強く賛成できる

番号	質問	採点	星
Q15	他人と意見が異なっても、そこに正しい視点を見いだすことができる		
Q16	自分にとって大事な意見に反対されると、攻撃を受けたように感じる		★
Q17	自分にとって大事な意見でなくとも、誰かの意見と食い違うと個人的な攻撃を受けたように感じる		★
Q18	自分の最も大事な考え方に反対されると、不安な気持ちになる		★
Q19	重要なポイントで意見が異なっていても、他人に尊敬の念を向けることができる		
Q20	自分と意見が違う相手でも、話を聞いてみたい		
Q21	自分にとって重要なアイデアに反対されると、ちっぽけな人間になったような気がする		★
Q22	自分が心から好きな話題に反対されると、ちっぽけな人間になったような気がする		★

手順1

質問について、5点満点で採点

- □ まったく違う：1点
- □ 違う：2点
- □ 賛成でも反対でもない：3点
- □ 賛成：4点
- □ 強く賛成できる：5点

手順2

★マークの質問は点数を反転

- □ 1点 → 5点
- □ 2点 → 4点
- □ 3点 → 3点
- □ 4点 → 2点
- □ 5点 → 1点

手順3

すべての点数を合計し、22で割って平均点を出す

▼採点法

点数をつけ終わったら、★マークの設問につけた点数を反転させてください（1点→5点、2点→4点、3点→3点、4点→2点、5点→1点）。その後ですべての点数を合計し、22で割って平均点を出してください。点数の見方は次のようになります。

■3点以下

知的謙遜のレベルは平均よりも下です。本章からお伝えしていくトレーニングを実践し、知的謙遜を鍛えていきましょう

■3・5点前後

平均的な知的謙遜の持ち主です。まだまだ伸び代がありますから、さらに知的謙遜を伸ばしていきましょう

■4点以上

平均よりも知的謙遜のレベルは上です。現状を維持しつつ、「根本的な帰属の誤り」に陥らないように注意してください

さらに、このテストは4つのサブカテゴリに分かれています。このサブカテゴリは「知的謙遜」を構成する要素を4つに分解したもので、さらに細かく自分の「知的謙遜」レベルを

計測することができます。
以下の要領で、それぞれのカテゴリの平均点を出してください。

1 知識や情報をエゴと切り離して考えられるかどうか？

「自分はこの考え方が好きだから」や「嫌いな人が言っていることだから」といった自己本位な思考にまどわされずに、自分が持つ知識や情報をそのままに見ることができる能力のことです。Q16、Q17、Q18、Q21、Q22の平均点を出してください。

2 立場を柔軟に変えることができるか？

自分が持つ知識が間違っていたことがわかった後で、すぐに正しい情報を取り込める能力のことです。Q6、Q7、Q8、Q9、Q10の平均点を出してください。

3 他人の視点を尊敬することができるか？

どれだけ嫌いな相手の意見だろうが、どれだけ立場が違う相手の意見だろうが、「正しいものは正しい」という態度を保つことができる能力のことです。Q11、Q13、Q14、

Q15、Q19、Q20の平均点を出してください。

4 自分の知識に過大な自信がないか？

あなたが持つ知識や情報の量について、「まだまだ足りていない」や「もっと深い知識を身につけなければ」といった感覚があるかどうかを表す指標です。Q1、Q2、Q3、Q4、Q5、Q12の平均点を出してください。

ひとくちに「知的謙遜」と言っても、その内実は人によって大きく異なります。もし総合点が同じ人でも、ある人は「自分の好みに影響されてしまう」という問題が大きく、またある人は「自分の立場にこだわってしまう」という問題のほうが大きいケースもあるでしょう。

ここでチェックした「知的謙遜」の**サブカテゴリは、いまのあなたに何が足りないのかを細かく教えてくれます。定期的にチェックをくり返して、自分の弱点をつかむようにしてください。**

知的謙遜を高める2大トレーニング

自分の「知的謙遜」レベルが分かったところで、この能力を具体的に伸ばす方法について考えていきましょう。「知的謙遜」についてはジョージタウン大学やジョージメイソン大学が研究を進めており、効果的なテクニックをいくつか編み出しています。

代表的なテクニックは以下のようなものです。

テクニック1　細かい説明をする

90年代に行われた複数の心理実験によれば、**多くの人たちは、自分の知識を実際よりも深く理解していると思い込んでしまう傾向を持っています**。これは「説明深度の幻想」と呼ばれるバイアスで、**あなたが自分で得意だと思っているジャンルほど、この現象は起きやすくなります**。

たとえば、あなたが仕事で統計を駆使していれば現実よりも統計にくわしいと思いがちですし、あなたが趣味でアイドルにくわしいと思っていた場合なども実際よりアイドルの知識が多いと思い込んでしまうわけです。この状態を放っておくと「私は他の人よりも知的だ」との感覚が強くなり、謙遜の気持ちはどんどん失われてしまいます。

そこで定期的にやっていただきたいのが、「特定の知識を細かく説明してみる」という手法です。やり方は簡単で、ざっと以下のステップで実践してください。

STEP 1　あなたが「これは得意だ」や「これはよく知っている」と考えるジャンルをひとつ選んでください。自分が仕事で使っている知識、趣味で掘り下げている知識、興味を持っている知識など、あなたが自信を持てるものならどのようなジャンルを選んでも構いません。

STEP 2　続いて、**ステップ1で選んだジャンルを、誰かに向かって説明してみてください。**説明の相手や手法はなんでもよく、友人に聞き役をお願いしてもいいし、ブロ

［得意なジャンルをひとつ選んで、友人に説明したり、ブログなどで不特定多数の人に解説したりする］

グなどで不特定多数の人に解説するのもいいでしょう。

ここで大事なのは、必ずなんらかの「聞き手」を想定して、自分の知識を説明しなければならない点です。自分しか読まない日記に知識を書き込んでみたり、ひとりごとで知識を解説してみたりなど、相手がいない状況で細かい説明をしてみても、「私はこの分野にくわしい」というバイアスは崩れにくいからです。相手は誰でもいいので、必ず第三者を相手に知識を解説するようにしてください。

このトレーニングを定期的に行うと、誰でもすぐに自分の知識に不備があったことに気づきます。説明をする前は自信満々だったはずの知識が、実際には穴だらけだったことを思い知らされるのです。

当然ながら、どのような知恵者でも、その知識にはおのずと限界があります。特に現代のように知識の範囲が複雑化した時代では、ひとつのジャンルを深く掘り下げるのも一苦労です。ところが、**たいていの人は「自分には知識がある」という思い込みを手放したくないため、その事実から心をそらして「説明深度の幻想」からなかなか抜け出すことができません。**

しかし、ここで自分ではよく知っている（と思っている）ことを説明すると、言葉につまる場面がどんどん出てきます。原因と結果をつなぐ筋道を実はよくわかっていなかったり、単語の意味があやふやだったり、簡単な疑問にも答えられなかったりと、自分でも驚くほど説明がぐだぐだになってしまうのです。

かくいう私も、このテクニックの効果を日ごろから感じ続けています。ご存じの方も多いでしょうが、私はYouTubeやニコニコ生放送といった動画配信サイトを使って、毎日2〜3本ずつ心理学の解説動画をアップしており、そのたびに自己の知識のいたらなさを痛感させられるからです。

説明の前は「これは資料なしでもしゃべれるだろう」と思っていても、いざ解説を始めると「この専門用語の厳密な定義はなんだっただろうか？」や「この説には有力な反証があったような気がする……」など、思いもよらなかった疑問が次々と浮かび上がってきます。どの疑問も、説明を始める前は思いつきもしなかったのだから不思議なものです。それだけ、私の思考が「説明深度の幻想」にハマっていたということなのでしょう。

このトレーニングの効果はテストでも確認されており、ある実験では、被験者に対して増税や移民政策のように込み入った政治問題についてくわしく説明をするように指示したところ、その直後から全員の態度に大きな変化が確認されました。実験前は「増税なんてあり得ない！　絶対に反対だ！」のような強い意見を持っていた被験者が、トレーニングを行なった直後から「増税は良くないとは思うが、いっぽうでは財政破綻のリスクも考えなければならない」といったように、中庸《ちゅうよう》の考え方に落ち着いたのです。

政治問題について、あらためてくわしく説明したおかげで「実は自分は税制や国家の債務について何も知らなかった」との認識が生まれ、その結果として極端な思想が穏やかなものに変わったのでしょう。**「知的謙遜」のおかげで客観的なバランスの取れた考え方ができるようになった**わけです。

このトレーニングは、日ごろから「絶対」や「間違いない」や「確実」といった強い言葉を使いがちな人ほど高い効果が得られます。「説明深度の幻想」にハマらないように、定期的に実践してみてください。

テクニック2 思い込みをチェックする質問を使う

冒頭でも説明したように、「知的謙遜」の要点とは、自分の感情や立場にまどわされずに、ただの意見と事実をしっかりと見極め、異なる見解にも柔軟な姿勢を保ち続けることでした。

しかし、なにごとも言うは易く行うは難しで、「知的謙遜」を身につけるのはやはり難しいもの。**先にも紹介した「根本的な帰属の誤り」や「説明深度の幻想」の他にも、私たちには複数の思い込みが存在し、そのすべてが、あなたから「知的謙遜」を削り取っていく**からです。

「知的謙遜」のジャマをする、代表的な思い込みの例をいくつか見てみましょう。

▼レイク・ウォビゴン効果 ―― **「他人と比べたら、だいたいのことは平均以上だろう」と考えてしまう心理現象**のことです。この現象は過去の実験で何度も確かめられており、「自分は他人よりも運転がうまい」や「自分だけは事故でケガをしない」「やろうと思えばダイエットは成功できる」「自分は会話がうまい」などなど、人生のあらゆる側面において多くの人は自分の能力を過大評価する傾向があります。まさに客観的な視点が失われてしまった状態の典型例と言えるでしょう。

▼ダニング＝クルーガー効果 ―― **能力が足りない人ほど自分の能力不足に気がつくことができず、結果として「できもしないのに自信だけはある」状態に陥ってしまう心理現象**です。能力が低い人は、自分のスキルや知識を客観的に認識する能力も低いため、自信過剰になりやすいのです。逆もまたしかりで、能力が高い人ほど自らのレベルを低く評価する傾向も見られます。

▼正常性バイアス ―― **自分にとってなんらかのトラブルが起きそうな状況でも、「自分だけは大丈夫」や「今回は問題ない」などと思い込んでしまう心理現象**です。こちらも多くの人

に見られる現象で、交通事故や仕事でのトラブルなど、どれだけ被害の確率が高そうな場面でも過小評価してしまいます。

ご覧のとおり、**いずれの思い込みも自分の能力を過大評価し、トラブルや問題の可能性は低く見積もる方向に働きます。その結果として「知的謙遜」のレベルは下がり、客観的な考え方ができなくなる**わけです。

それでは、この思い込みの問題を解決するにはどうすればいいのでしょうか？　なんとも難しい問題ではありますが、もっとも手軽で効果が高いのは、167〜173ページで紹介する質問を使う方法でしょう。

これは教育心理学者のリンダ・エルダー博士が開発した質問集で、なんらかの問題に取り組む際に、思い込みにとらわれずに客観的な視点を維持するために開発したものです。どの質問も「自分にはどれぐらいの知識があるのか？」や「自分はどのように行動すべきだろうか？」といったポイントをあらためて確認するようにデザインされており、すべてに答えていくと、以下のようなメリットが得られます。

- 目の前の問題をさらに深く理解できるようになる
- 関係する情報を効率的に収集し、その質を見極められるようになる
- よく考えられた結論や解決策を思いつき、正確にテストできるようになる
- 他人と問題について効果的に会話することができる

いずれも「知的謙遜」を育てるためには欠かせないポイントばかりです。**日々の暮らしのなかでなんらかの問題やトラブルに対処する必要が出てきたら、次の質問を自分に投げかけてみてください。**

Q1

目的を確かめる質問

- 私はいま何を達成しようとしているのか？
- 自分にとって一番の目的とは何か？
- 私は自分の目的をクリアに説明できるか？
- この推論の目的は何だろうか？

- 自分の推論は目的に向かって集中しているだろうか？
- すべての関係者なども考慮した上で、自分の目的は適切なものだろうか？
- 目的は現実的だろうか？

Q2 疑問をさらに深める質問

- 私はいまどのような疑問を抱いただろうか？
- どのような疑問に対処すべきだろうか？
- 自分の疑問のなかにある複雑な側面をちゃんと考えているだろうか？
- この疑問について考えるための他の方法はあるだろうか？
- いまの疑問をさらに細かいサブ疑問に分割できるだろうか？
- 主要な疑問に取り組む前に、別の疑問に答える必要があるだろうか？
- 正しい答えはひとつだけなのか？　それとも合理的な答えが複数あるのか？
- この疑問には、事実の提示だけではなく、なんらかの判断が必要だろうか？

Q3 情報を確かめる質問

- この結論にいたるまでにどのような情報を使っただろうか？
- いまの疑問を解決するためにどのような情報が必要だろうか？
- この情報が真実だとどのように判断できるだろうか？
- 自分の推論は、どこまで関連データに裏づけられているだろうか？
- 自分の推論が正確または真実の情報に基づくことをどのように確認できるだろうか？
- 自分の利己性や利益に適合するように情報をゆがめていないことを判断するにはどうすればよいだろうか？
- データに照らして、自分が組み立てた推論とは異なる部分がないだろうか？
- 問題に対するデータは、どの程度まで明確で正確で、かつ議題に関連しているのだろうか？
- 合理的な結論を出すために十分なデータを収集しただろうか？

Q4 推論の流れを確かめる質問

- 自分はどのようにこの結論にたどりついたのだろうか？

- この情報を解釈する別の方法はないだろうか？
- データはどの程度まで自分の結論をサポートしているだろうか？
- 自分の推論は他の推論と一貫しているだろうか？
- 他にも検討すべき合理的な推論はあるだろうか？
- 結論を出すときに、代替の可能性を検討できないだろうか？　それとも、この状況は1つの方法でしか解釈できないのだろうか？

Q5 概念を確かめる質問

- この問題におけるメインのアイデアはなんだろう？
- 自分はこのメインのアイデアを説明できるだろうか？
- どのようなメインのアイデアと理論が自分の推論を導いているだろうか？
- いま使っている概念と理論を使って、別の説明が考えられないだろうか？

Q6 前提を確かめる質問

- 自分が当然のように思っていることはないだろうか？　その前提は正当なも

のだろうか？

・どのような前提が、この結論に導いたのだろうか？

・その前提条件によって、どのように自分の視点が決まっているのだろうか？

・自分が抱く前提条件のなかで、合理的に疑問視されるものはどれだろうか？

Q7 結論を確かめる質問

・もし誰か他の人が自分の立場だったら、その人はどのような結論を導くだろうか？

・自分の推論から、どんな影響と結果が出ると考えられるだろうか？

・Xを選択した場合、その選択からすぐにどのような結果になる可能性があるだろうか？　さらに長期的に見た場合、その決定に対する影響と結果はどのように現れるだろうか？

Q8 視点を確かめる質問

・私はこの問題をどの点から見ているだろうか？

・他に検討すべき視点はあるだろうか？
・自分の視点はどのような洞察に基づいているだろうか？　その弱点はなんだろうか？
・この問題について考える上で、他にどのような点を考慮すべきか？　これらの視点の長所と短所は何だろうか？　自分はこれらの視点の背景にある考え方を公平に検討しているだろうか？

これらの質問は、仕事やプライベートで何かトラブルが起きたときだけでなく、ネットで気になるニュースを見かけたときや、ちょっと難しい本や資料を読まなければならないときなどにも、それぞれの質問をアレンジしながら使ってみてください。たとえば、難解な専門書を読む場合は、次のように質問してみます。

・この本を読むことで、自分は何を達成しようとしているのか？
・私はこの本を読みながら、どのような疑問を抱いただろうか？

・この本のメインアイデアはなんだろうか？
・この本から自分はどのような洞察を得ただろうか？

また、ちょっと気になるニュースがあった場合は、以下のように質問をアレンジしてみてください。

・このニュースを見て、私はいまどのような疑問を抱いただろうか？
・このニュースから、自分はどのような洞察を得ただろうか？
・自分はどのようにこの洞察にたどりついたのだろうか？
・このニュースの報じられ方に、自分が当然のように思っていることはないだろうか？
その前提は正当なものだろうか？

このように、**日常のさまざまなことに対して質問を重ねておけば、そのたびにあなたの知的謙遜は強化されていきます。日ごろから細かく自問自答する癖をつけるように、意識しておくといいでしょう。**

CHAPTER 07

知的謙遜が身につく10のエクササイズ

知的謙遜は細かくメンテナンスすべし！

先の章では、客観力を育むにあたって「知的謙遜」がいかに重要な特性なのかをご説明し、さらにこの能力を高めるための基本的なテクニックを取り上げました。「細かく説明する」や「思い込みをチェックする質問」といったトレーニングを日々の暮らしに取り入れれば、あなたは以前よりも高い客観性を保てるようになるでしょう。

しかしそうはいっても、**現代では「知的謙遜」の姿勢をキープし続けるのはとても大変なこと**です。

それもそのはずで、現代の暮らしにおいては、わからないことがあってもGoogleで調べればすぐに手軽な答えが得られるようになりました。すると、ここで私たちの脳は重大な勘違いを引き起こします。**初めて知った情報であるにもかかわらず、その知識を以前から知っていたかのように思い込んでしまう**のです。

これは複数のテストで確認されている心理現象で、ネットの検索が当たり前になった現代では、多くの人が実際よりも自分が持つ知識の量を過大に見積もってしまうことがわかっています。つまり、**ネットで手軽な情報を得るたびに、あなたの中には「私はいろいろ**

な情報を知っている人間なのだ」という感覚が生まれ、客観的にものごとを見つめる能力は下がっていくわけです。

そのため、現代人が「知的謙遜」の感覚を取り戻すには、日常的なトレーニングにくわえて、細かく感覚のメンテナンスを行う必要があります。いまの時代では、気を抜くとすぐに客観力が下がってしまうため、日ごろから細かく「知的謙遜」の感覚を意識しておく必要があるのです。

そこで本章では、「知的謙遜」の感覚を取り戻すのに役立つ、数秒から数分で取り組めるエクササイズを用意しました。いずれの手法も短期的に客観性を取り戻す働きがあり、あなたの思考をシャープに保ち続けるために役立ってくれるはずです。

本章で取り上げるテクニックは、すべてに手を付ける必要はありません。あなたが「楽しそうだな」「これならできそうだな」と感じたものを選んで、毎日の暮らしの中に少しずつ取り入れてください。

知的謙遜のメンテナンスに役立つ10のエクササイズ

エクササイズ・レベル1

まずは、数あるエクササイズのなかでも、もっとも手軽に実践できるものから紹介していきます。いずれもめんどうな準備がいらず、数秒から数分だけで終わるものばかりなので、とりあえず楽にできそうなところから手をつけてみましょう。

■「自分は客観的ではない」という事実を定期的にリマインドする

「自分の意見や思考はゆがんでいる」という事実を常に思い出す手法です。ここまでの章でもくり返しお伝えしてきたとおり、**私たちの脳には、特定の方向に思考を間違えてしまうバグが存在します。この事実を、ことあるごとに自分の意識に擦り込んでいく**わけです。

それだけで効果があるの？　と思われるかもしれませんが、この手法は、脳のバグを取り除くテクニックのなかでも基本中の基本と言えるものです。

その効果を実証したデータも多く、例えばペンシルバニア大学の研究チームのレビューによれば、経済学部でさまざまな理論を勉強している学生ほど、データの質を正しく見極めることができ、先の章で見た「レイク・ウォビゴン効果」や「正常性バイアス」にまどわされにくい傾向が確認されました。経済学の学習では、人間の不合理に左右されずに統計データを扱う態度を教え込まれるため、常に「人間の思考や意見は客観的ではない」という事実を思い知らされるからです。

多くの研究によれば、**たいていの人は「自分は客観的でない」と思い出した直後から逆に客観性がアップし、その影響は2〜3週間にわたって続くようです（ただし、リマインドをやめると、またすぐにバグの力に飲み込まれてしまうので注意してください）**。スマホのリマインダーに「自分の意見や思考はゆがんでいることを思い出す」と登録しておくもよし、目のつくところに標語として貼っておくもよし、あなたの好きな方法を使って定期的に自分の不合理さを意識してみましょう。

■他人の視点を採用する

「知的謙遜」を身につけるには、自分の不合理さを思い知ると同時に、他人の意見をリスペクトする態度を養う必要があります。自分の意見にばかりこだわって他人の意見を尊重できなければ、新しい視点を取り入れることができず、いつまでたっても客観性は育たないままでしょう。

そこで習慣にしてほしいのが、「他人の視点を採用する」という手法です。文字どおり**「あの人だったらどのような感情や思考になるだろうか？」と考えてみるテクニックで、日常的なトラブルを客観的に処理する能力を高める効果があります。**

具体的にはウォータールー大学が行った実験が有名で、チームは被験者に以下の２パターンのシナリオを思い描くように指示しました。

1　自分の身に対人トラブルが起きたシーン

2　友人の身に対人トラブルが起きたシーン

その後、全員にアンケートを行い、「全体の状況に対する知識の限界を把握できているか?」や「妥協できるポイントは認識できているか?」「いろいろな解決策を想像できるか?」といった能力に違いが出るかをチェックしたところ、おもしろい現象が確認されました。**友人の身に起きたトラブルを想像したグループのほうが、明らかに冷静で総合的な判断をする確率が高くなっていた**のです。

この現象は年齢を問わずに確認され、20～40代の被験者と60～80代の被験者を比べた場合でも、やはり同じような結果が見られました。他人のことを想像するだけでいいのですから、実に手軽な方法です。

この結果について研究チームは、「他人に向けて話しかける様子を想像するだけで、人間の思い込みを簡単に消せることがわかった。この方法を使えば、私たちはより賢明に問題を対処できるだろう」とコメントしていま

す。具体的に実践する際は、頭のなかに他人の姿を思い浮かべながら、「この人だったら目の前の問題をどう考えるだろう？」と考えてみるといいでしょう。

ここで思い浮かべる他人は誰でもよく、親しい友人、尊敬する人、歴史上の偉人、好きな漫画やアニメのキャラを使っても問題ありません、ただし、できればあなたが「この人はいつも的確な判断をしている」と心から思えるような人を選んでみてください。その方が効果は高くなります。

■徳の高さに重きを置く

心理学の世界では、昔から「**他人へのアドバイスはうまいのに、自分の悩みはうまく判断できない**」という現象が確認されてきました。これは「ソロモンのパラドックス」と呼ばれる状態で、他人のトラブルは正しく判断できるのに、自分のこととなると急に冷静さを失ってしまったような経験は誰にでもあるでしょう。まさに客観性が失われた状態です。

この問題を解決するために、ウォータールー大学が提唱したのが「徳の高さに重きを置く」という手法です。ここでいう「徳の高さ」とは、次のような欲望のあり方を意味しています。

- **他人や世間の役に立つことをしたい**
- **自分が信じていることに忠実に行動したい**
- **困っている人を助けたい**

要するに**「徳の高さ」とは、自分のためだけに行動するのではなく、社会や弱者の役に立つようなことをしたいと願う気持ちのこと。この欲望が、あなたの「知的謙遜」を高める効果を持つ**のです。

事実、ある実験では、普段から「徳の高さ」を重視している被験者は、自分が抱えるトラブルに対しても正しい判断ができるようになりました。このような現象が起きる理由について、研究チームはこうコメントしています。

「徳の高さをモチベーションにして行動する人は、自分自身の問題でも正しい判断をする可能性が高くなる。徳の高さにより、人間の目を曇らせるバイアスを乗り越えるからだ。この状態は、『いまの自分の知識や思考法は、トラブルを理解するために十分とは言えないのでは？』と気づく能力によってもたらされる」

「他人のために」と思いながら行動する人は、思考がひとりよがりになりにくく、自分の頭の良さの限界にも気づきやすくなります。そのおかげで客観的な視点からものごとを見ることができるわけです。

「徳の高さ」を意識するためには、ちょっと時間を取って**「周囲の人や社会の役に立つには何ができるだろう?」や「社会貢献とはどのようなことだろう?」といった疑問について考えてみればＯＫ**です。「徳」のような抽象的な概念を日常的に考えている人は少ないため、たまに道徳の価値に思いをはせてみるだけでも、あなたの脳に良い刺激を与えることができるでしょう。

と同時に、杉原千畝、小川笙船、マザー・テレサのように、他人のために尽くした人物の評伝を読むのもおすすめです。自分の利益を超えて、より大きな目的に向かって動いた人たちのエピソードは、私たちの中にある利他的なモチベーションをかきたてる作用を強く持ちます。

社会に貢献した偉人であれば誰でも構わないので、あなたの心に響くような行動をした人物をひとりピックアップして、その人の人生やエピソードを掘り下げてみましょう。この作業を定期的に行えば、確実に「徳」へのモチベーションが育まれ、ひいてはあなたの客観性を上げてくれます。

エクササイズ・レベル2

ここからは、知的謙遜のメンテナンスに役立つテクニックのレベル2に移ります。レベル1の手法よりもやや作業はめんどうになりますが、それだけにいずれのテクニックも効果が高いものばかり。レベル1の手法に飽きたりなくなったら、次のテクニックも取り入れてみてください。

■1日チェック法

何度も言うように、**「知的謙遜」の態度を保つには自己分析が欠かせません**。自分を正しく理解しないことには、「私の知識は不足している」という考え方にたどりつけないからです。

このとき、「自分のことを理解しましょう！」と言われると、多くの人たちはじっくりと考え込み始めてしまいます。「自分とはどのような人間なのか？」や「私はなんらかの思い込みにとらわれているのではないか？」などと内省をし始めるケースがとても多いのです。もちろん、この行為が完全に間違いだとは言いません。このような内省が、時には深い自己理解につながるケースもあるでしょう。

しかし、残念ながら**多くの場面では、内省は自己を知るためのツールにはなりません**。ほとんどの人は、内省を始めると自分が犯した失敗や不運といったネガティブなことがらに意識が向き、116ページでもご説明した「反すう思考」の状態にハマり込んでしまうからです。

いったん「反すう」が始まると、あなたの脳内では「なんであんなミスをしたんだろう……」といった思考がグルグルと回るだけになり、ただ同じことばかりを考え続ける状態になってしまいます。「内省」による自己理解とは、世の中で思われているよりも難しい作業なのです。

そこで、「内省」の前にまず試していただきたいのが「1日チェック法」というテクニックです。**心理療法の世界で鬱や不安に悩むクライアントのために開発された技法**で、次のように行います。

> **毎日、寝る前に「今日はどんな選択をし、どんな行動をしただろうか？　その選択や行動について、自分はどう感じただろうか？　今日うまくいった選択や行動はなんだろうか？　今日うまくいかなかった選択や行動はなんだろうか？」と5～10分かけて自問してみる**

非常にシンプルな手法ですがいくつかの研究で効果が確認されており、ある実験では、**「1日チェック法」を毎日行った被験者は一様に自己理解が深まり、仕事のパフォーマンスが23％も向上した**との報告が出ています。手軽さのわりには、かなりの効果が見込める手法だと言えるでしょう。

このトレーニングのポイントは、あくまで「1日5～10分だけ」と制限時間を決めたうえで、その日の自分を振り返ってみるところです。これならダラダラとネガティブな思考が浮かぶことはありませんし、質問の内容が具体的に決まっているおかげでムダなことを考えずにすみます。

寝る前に1日を振り返ればいいだけなので、睡眠前のルーチンとして習慣化するのがおすすめです。

■ミラクルクエスチョン

ミラクルクエスチョンは、「解決志向アプローチ」と呼ばれる心理療法で使われる質問の技法です。**仕事やプライベートで難しいトラブルに襲われ、不安とパニックのせいで客観的な思考ができなくなった時に役立ちます。**

まずはミラクルクエスチョンの内容を見てみましょう。

「あなたが眠っている間に奇跡が起きたとします。その奇跡とは、あなたが抱える問題が解決するということです。でも奇跡は眠っている間に起きたので、あなたは奇跡が起きたことに気づきません。さて、あなたや周りの身近な人たちは、どのように対応が変わるでしょうか？　状況はどのように変わっているでしょうか？　具体的にどのような変化がイメージできるでしょうか？」

このように、**いまの問題が奇跡のように解決した状況を思い描くのが、ミラクルクエスチョンの基本**です。

といってもイマイチわかりにくいので、具体的な例で考えてみましょう。例えば、あなたが職場の上司に企画書を提出したものの、なぜかやり直しを命じられたとしましょう。普通ならグチのひとつも言いたくなる場面ですが、ここで「あの上司には嫌われているのだろうか？」や「自分はこの仕事に向いてないのでは？」と考えてみたところで事態は前に進みません。

そこで、試しにミラクルクエスチョンを使ってみるとこうなります。

ミラクルクエスチョン「もし私が眠っている間に奇跡が起きて、上司が大喜びで企画書を受け入れてくれたら、どのようなことが起きるだろうか?」

答え「上司との仲が良くなり、もっとリラックスして企画のアイデアを出せるようになるんじゃないだろうか……」

ミラクルクエスチョン「そんな状況になったら、上司とのやり取りはどうなっているだろうか? 具体的に何がイメージできるだろうか?」

答え「もし上司との仲がよくなったら、いまのようにそっけない対応ではなく、もっと大事なことを色々と語りあえるだろう。そうなったら、自分の企画の問題点についても深い話ができるようになり、さらに良い方向に進むかもしれない」

この事例では「上司との関係改善」というポジティブな方向に思考が向かいましたが、「ミラクルクエスチョン」でどのような結論が出てくるのかは、もちろん個人の状況によって異なります。なかには「結局は自分がダメだった」のようにネガティブな結論が出てしまうケースもあるでしょうが、それはそれで構いません。

この手法で大事なのは、「もし目の前の問題がすべて解決したら?」と考えてみることで、あなたの問題における現在と未来のギャップを浮き彫りにしていく点です。今の問題についてなんとなく考えただけでは、私たちの思考はどうしても主観的な方向に向かってしまい、客観性を持った思考を生み出すことができません。

ところが、ここで**ミラクルクエスチョンを使うと、「何も解決していない現在」と「すべてが解決した未来」の違いをハッキリと認識できるように脳の働きが変わります**。その分だけ客観的な視点を保ちやすく、より幅広い解決策を生み出しやすくなっていくのです。どうしてもうまい解決策が見つからないような問題が起きたときに、試してみてください。

■情報源を複数化する

「確証バイアス」という言葉をご存じの方は多いはず。認知心理学でよく使われる専門用語で、ひとことで言えば「自分にとって都合がよい情報ばかりを集めてしまう心理現象」のことです。

たとえば、あなたがネットで見かけた最新のガジェットを気に入り、ショッピングサイトでレビューを検索したところ、レビューの評価が良くなかったとしましょう。普通なら「意外と評判がよくないんだな……」と考えて購入をあきらめてしまう場面ですが、あなたがすでに購入を決意していた場合には、また別の心理が働きはじめます。評価の低いレビューを「これは例外だろう」と勝手に考え、良いレビューばかりを読みふけってしまうのです。誰にでも心当たりのある現象ではないでしょうか。

「確証バイアス」が、客観的な思考のジャマになることは言うまでもありません。都合がよい情報だけを集めていては自分の思考の欠点を見つけることができず、間違った方向に進む確率は激増するでしょう。

特に現代で「確証バイアス」が問題になるのは、ソーシャルメディアの世界です。ご存じのとおりツイッターやインスタグラムなどでは、自分が好む意見を語るユーザーだけをフォローすることができます。

友人や知人とのコミュニケーションツールとして使うだけならそれで問題はないでしょうが、社会問題へのスタンスや人生の考え方といったテーマについては、どうしても偏りが出てしまうでしょう。要するに、**ソーシャルメディアを使えば使うほど、あなたからは客**

観的な思考が奪われていくわけです。

この問題に立ち向かうには、**意識して情報源を複数化するしかありません。普段なら絶対に読まないような情報ソースを探し、積極的にアクセスしていきましょう。**具体的な例をいくつか挙げてみます。

- いつもネットで情報を集めている人は、本屋に出かけて本や雑誌を手に取ってみる
- 自分と異なる意見を持つ人を探して、会話をしてみる
- 同じ思想を持ったニュースサイトにばかりアクセスせず、異なるスタンスのサイトも漁ってみる（リベラルなサイトばかりを見ているのなら、たまには保守的なサイトもチェックしてみるなど）

このように、**日ごろから意識して複数の情報ソースを選ぶように心がけてください。**ひとつの情報に接したら、「この話を否定するような別の情報はどこかにないか？」と考えて、意図的に探すようにしてみるのがおすすめです。

■最良ポイントの質問

くり返しになりますが、**「知的謙遜」を身につけるには、複数の情報ソースを意図的に当たるのが効果的**です。「この情報がもし間違っていたら？」と常に自問を続ける態度が、あなたのなかに適度な客観性を育みます。

しかし、ここで問題なのが、複数の情報をチェックしていると、あなたにとって不快な場面がいくつも出てきてしまう点でしょう。

自分が支持する政治スタンスをボロボロにけなす人物が見つかったり、自分が信じていた健康法や投資の情報に実は疑いが出ていたり、あこがれの人物がネットで袋叩きになっていたりと、思わず目をそむけたくなる事態に直面させられるケースも普通に起きるはずです。

この状態をすぐに受け入れられる人はほとんどおらず、たいていは「なかったこと」にして情報源からそっと目をそらすか、感情的になって激しい反論を相手にぶつけるかのどちらかの行動を取ります。自分の信じる情報を否定されれば、どんな人でも冷静ではいられないものです。

しかし、ここで感情に流されてしまえば、私たちは確証バイアスの沼から這い出すことができません。その不快な情報が本当に正しいのかどうかを冷静に見極めない限り、知的謙遜の態度はいつまでたっても育たないでしょう。

そこでオススメしたいのが、**「最良ポイントの質問」というテクニックです。異なる意見を目にして冷静さが失われた時に効果的**で、次のように使ってください。

- **異なる意見で頭に血が上りそうになったら、「この議論のなかで最良のポイントはどこだろうか？」と尋ねてみる**

たとえば、あなたは「消費税には反対だ！」という立場だったが、ネットのニュースで経済学者が「増税しか道はない」と発言していたとしましょう。思わず「そんなバカな」と言いたくなる場面ですが、ここで自問してみます。

「この議論のなかで最良のポイントはどこだ

ろうか？　この学者さんは日本政府の資産のバランスを問題にしていて、確かにこの点については あまり調べたことがなかったな……。自分があまり気にしなかった点を述べてくれているのは間違いないので、このあたりは最良のポイントだろうな。とりあえず、日本の資産についてもう少し調べてみることにしようかな」

この事例では、消費税における新たな視点に目を向けさせてくれたところを、最良のポイントとしてとらえています。本当に政府の資産バランスを保つために増税が必要なのかはもっと調べてみないとわからないものの、少なくともあなたのなかに消費税への多面的な視点が生まれたのは確実でしょう。その結果**「この議論にも良いところはあるのだな」といった気持ちが生まれ、冷静にものごとを考えやすくなります。**

非常にシンプルな技法ですが、過去の研究によれば、この質問について考えてみるだけでも他者へのリスペクトの気持ちが生まれるそうです。**常にクールな頭でいるためにも、「感情に流されそうになったら最良のポイントを探してみる」と意識しておいてください。**

エクササイズ・レベル3

最後に「知的謙遜」のメンテナンスに役立つテクニックのレベル3を見ていきましょう。これまでのトレーニングに比べるとやや複雑だったり面倒な作業が増えてしまいますが、意識して続ければ多大な効果を得られるようなものだけを集めました。レベル1〜2のトレーニングで物足りなくなった方は、試してみてください。

■反証の質問

「反証の質問」は、日ごろから、自分の身に起きたあらゆるものごとについて別の可能性を考えてみるトレーニングです。あなたの生活で起きた悪いことはもちろん、良いことに対しても違う可能性を考えてみるのです。

まずはいくつか例を見てみましょう。

起きた出来事「仕事をクビになってしまい、これから先どうすればいいかわからない」

反証の質問「『仕事をクビになった』という状況から、逆に得られるものはないだろうか?」

反証の展開「仕事をクビになったせいで先行きの不安はあるが、いっぽうではちょっとした爽快感も抱いている。思えば以前の職場の上司とは意見が合わず、無意識のうちにかなりのストレスがあったのだろう。上司と意見が合わなかった理由をちゃんと分析すれば、次の仕事選びに役立つかもしれない」

起きた出来事「ここのところ仕事がうまく進んでいる」

反証の質問「実は仕事がうまくいっていないとしたら、どのような原因があり得るだろうか?」

反証の展開「もし仕事がうまく進んでいなかったとしたら、他の部署への情報の伝達がおろそかになっているのと、成果物をチェックする担当が自分以外にもうひとりしかいないのが問題になるだろう。とはいえ、いまの時点でも情報伝達がしっかりやれているわけでもないので、その点は見直す必要があるかもしれない」

ご覧のとおり、現在の出来事とは真逆の事態を思い描き、そのプロセスを展開していくのが基本的な流れになります。**これらの質問により複数の考え方に意識が向かい、見逃していた利点や問題点が浮かび上がりやすくなる**わけです。

反証の質問はどのタイミングで行っても構わないものの、**あなたにとって良いことが起きた時点で実践するほうが効果は高くなります**。「良い企画書が書けた」「スケジュールどおりに勉強できた」「テストの成績が良かった」など、思わず気分が上がったときにこそ反証の質問を使ってみてください。

「せっかくの良い気分に水を差したくない」と思われるかもしれませんが、私たちはポジティブな気分になるほど「これは自分の努力や計画が正しかったからだ」と考えやすく、すぐに自己省察の気持ちを失ってしまいます。そのまま何もしなければ、いざ事態が悪い方向に転じたときに態勢を立て直すことができなくなるでしょう。

つまり、**良いことが起きたときほど知的謙遜を育むチャンス**。「もしいまの状況が悪い方向に進んでいたら？」と考えてみることで、あなたは周囲から一歩抜きん出た客観性を育むことができるわけです。

■対比の質問

もうひとつ「対比の質問」という質問のテクニックも押さえておきましょう。こちらは、これまでの自分の経験や行動・感情・思考について、別のものごとと比べてみる思考法のこと。**心理療法の世界で使われるカウンセリング技法のひとつで、なんらかのトラブルに巻き込まれて正常な思考ができなくなった人に効果を発揮します。**

「対比の質問」は、たとえば次のように使っていきます。

- 「これまでうまくいっていた企画書に急にケチがついた。今回の企画書は、いままでの企画書とどこが違うのだろう?」
- 「最近はずいぶん仕事が楽になった気がするが、かつてはヒドい気分で働いていた。これはなにが変わったからなのだろう?」
- 「知人がSNSに書き込んだ内容が、自分をからかっているような気がする。子供のころにも、似たようなことで悩まされたことがなかっただろうか?」

仕事やプライベートで問題が起きたら、自分が味わった過去の体験を持ち出して、じっ

くりと比べてみます。果たして、いまの体験は過去に味わったこととなにが違うのでしょうか？　逆に、全く同じような点はどこにあるのでしょうか？

実践してみるとわかりますが、この対比を行うことで、いまの問題がよりクリアに見えてくるはず。**なにか困ったことが起きたら、「かつて似たようなことを体験したことはなかったか？」と考えるクセをつけてみてください**。

また、「対比の質問」は、日常のトラブルだけでなく、あなたの心が動いた瞬間を狙って使ってみるのも効果的です。いくつか例をあげましょう。

- 「映画を見ていたら、主人公が不倫するシーンでドキッとさせられた。これは、主人公の心の動きに自分との共通点があったからではないか？　その共通点とはどのようなものだろうか？」
- 「友人と会話をしていたら、よくわからないが急に悲しい気持ちになった。このような気持ちは過去にも体験したことがなかっただろうか？　自分の気持ちにはなんらかのパターンがあるのではないか？」

・「ネットでニュースを読んでいたら、特定の事件にやたらと心が動かされた。このような感情と同じことを、過去にも抱いたことがなかっただろうか？」

どんな内容であれ、**自分の心が大きく動いたら「対比の質問」を使うチャンス**です。いまの体験を質問で分析するたびに、あなたは自分への理解を深め、その分だけ客観的な視点を保てるようになります。

より深く理解したい体験や感情が出てきたら、次のようなフォーマットを使い、自分に質問を投げかけてみてください。

● **過去に同じようなことがなかっただろうか？**
同じようなことがあった場合、いまと違うのはどのようなポイントだろうか？

● **過去と比べて良い方向に進んでいるのだろうか？**
それとも悪い方向に進んでいるのだろうか？　その理由はなんだろうか？

● **いつも同じようなパターンで起きていないだろうか？**
過去にも同じパターンを体験したことはなかっただろうか？

どのような体験・感情でも構わないので、1日に1回は必ず「対比の質問」を試すようにしましょう。質問の回数が重なるごとに、あなたの思考は明晰になっていくはずです。

■自己ストーリー分析

「自己ストーリー分析」は、心理学者のダン・マクアダムスが提唱する自己分析の技法のひとつ。名前のとおり、**自分の人生で体験してきたことを振り返り、それらをひとつの物語として表現してみるトレーニング**です。

どのような体験をしたからこそ、いまの自分でいられるのか？　どのような出会いが自分をここまで導いたのか？　これまで味わってきた体験は、自分の未来にどう関わるのだろうか？

このような質問について考え抜き、あなたの人生に一貫したストーリーを組み立てるのが「自己ストーリー分析」の基本になります。

当たり前の話ですが、誰の人生にもさまざまな浮き沈みがありますし、なかには「いまの自分を形作った」と言えるような重要な体験もあれば、「当時は大事だと思っていたけどいま思えば大したことがなかった」と思えてしまうような体験もあるでしょう。

通常、私たちはこれらの体験をなんとなくひとつのものとしてとらえています。多くの人は「そういえば、あんなことやこんなことがあったな……」ぐらいの感覚で自分の人生をとらえており、具体的にどの体験がどのように現在に影響を与えているかまで掘り下げている人はほとんどいないはずです。

この状態のままでは、「私はどうしてこのような人間なのか？」の理解は深まらず、自分の可能性と限界の境界線をつかむことはできません。**己の限界がわからなければ、「知的謙遜」の態度が育つこともないでしょう。「自己ストーリー分析」は、この問題に取り組むために使うテクニックになります**。

とはいえ、難しいことを考えずとも、自分の人生をあらためて分析してみるのは楽しい作業です。「あの仕事は大変だったけど、この体験があるから出世できたんだよなぁ」や「あの時にいまの妻に出会ってから人生が好転したんだよな」のように、楽しみながら自分の過去を振り返ってみてください。

それでは、「自己ストーリー分析」を実践しましょう。次のステップに従って、あなたの人生の物語を紙に書き出してみてください。

STEP 1　チャプターの選定

まずは「**自分の人生が小説だったら？」と考えてみてください**。この人生の本には、チャプター（章）が3〜7章分ぐらいあるとします。

それぞれのチャプターは、あなたの人生で起きた印象的な出来事を表しています。**自分で「これは重要だ」や「この体験はいまの自分に大きな影響を与えている」と思えるような事件をいくつかピックアップして、小説の各章に割り振りましょう。**

ここで取り上げる体験はなんでもＯＫですが、これといったものが思いつかないときは、次の８つの体験について考えてみてください。

1 **人生で最高だった体験**――あなたの人生のなかで、特にポジティブだった体験を思い出しましょう。幸福だった体験、うれしかった体験、興奮した体験など、自分の心が盛り上がったようなものを選びます。

2 **人生で最低だった体験**――自分の人生で最悪だった体験を探してみましょう。悲しかったこと、最高に怒りを覚えた事件、それまでにない恐怖を味わった体験など、ネガティブなエピソードに特化して思い出してください。

3 **人生が変わったできごと**――あなたの人生のターニングポイントになった瞬間、つまり自分や人生に重要な変化をもたらした出来事を考えてみましょう。はっきりした転換点を特定できない場合は、人生の中で何か重要な変化を経験した出来事をピックアップしてもOKです。

4 **ポジティブな子供時代の体験**――幼少期や10代の頃の記憶を思い出し、なにか幸せな気分になるような出来事を選んでみましょう。

5 **ネガティブな子供時代の体験** ― 幼少期や10代の頃の記憶を思い出し、否定的で不幸な体験を探してください。悲しみ、恐怖、焦りなどのネガティブな感情を引き起こしたものならなんでも構いません。

6 **印象的な成人後の思い出** ― 大人になってから味わった体験のなかで、鮮明で意味のあるものを選んでください。ポジティブな体験でもネガティブな体験でも構わないので、あなたが「この記憶だけは忘れようとしても忘れられない」と感じられるようなものをピックアップしましょう。

7 **賢明な行動を取った体験** ― あなたが「知恵」を発揮した人生の出来事をピックアップしてください。なんらかの難しい問題について賢明な選択をしたり、誰かにすばらしい助言を与えたりと、うまい行動を取れたときの体験を選んでみましょう。

8 **自己を超えたような精神的な体験** ― 特定の宗教を信じていようといまいと、多くの人は、なにか超越的な体験をしたことがあるはずです。それは自然との一体感かもしれませんし、スポーツ選手の人間離れしたプレイに我を失った体験かもしれませんし、一流の絵画や小説の世界に没頭した体験かもしれません。そのなかから、もっとも印象深いものを選んでください。

STEP 2 人生の要約

続いて、ステップ1で選んだ各チャプターについて、以下の作業を行います。

1 タイトル設定 ― それぞれのチャプターに、簡単なタイトルをつけます。「大学の入試にて」や「母親の病気」「恐怖の一夜」など、自分の体験をシンプルなタイトルで表現してください。

2 チャプターの要約 ― タイトルが終わったら、チャプターごとに簡単な要約を作り、200〜300文字ぐらいの文章にまとめましょう。その際は、次のポイントをふくめるようにしてください。

・どのようなことが、いつ、どこで起こったのか？
・その出来事には誰が関わったのか？
・その出来事を体験したときに、あなたはどのようなことを考えて、どのようなことを感じていたのか？
・その出来事が、あなたの人生においてどのような重要な意味を持っているのか？
・その出来事は、いまの自分を形作るにあたって、どのような役割を果たしたのか？

STEP 3　未来スクリプト

ここまでのステップにより、あなたの〝過去〟の全体像をおおまかに理解できるようになりました。そこでこの段階からは、〝未来〟の物語について考えていきましょう。自分の過去をふまえたうえで、将来の物語を思い描いていく大事なステップです。

具体的には、以下の流れで取り組んでください。

1　未来の夢・希望・計画　―　あなたの計画や夢、未来への希望を200〜300文字でシンプルにまとめてください。これからの人生にどのような希望を持ち、何を成し遂げたいと考えているでしょうか？　ここにふくまれる内容は、家族や仕事、趣味、趣味、娯楽など、あなたが重要だと感じるものであればなんでも構いません。

2 **未来と過去の接続** ― さきほど書き出した自分の夢や希望をながめながら、「この夢や希望は、過去の体験とどのようにつながっているのだろうか？」と考えてください。自分がそのような夢や希望を抱いた理由は、過去の体験がベースになっているからではないでしょうか？　その夢や希望を現実にするにあたって、過去の体験が役に立たないでしょうか？　未来の希望と過去の体感をつなげる方法について考えて、こちらも簡単な文章にまとめてください。

3 **ライフプロジェクトの策定** ― 未来の夢や希望を現実にするにあたり、あなたはどのような計画を立てているでしょ

うか？　それはどのようなプロジェクトなのか？　そのプロジェクトをどう進めていくつもりなのか？　このプロジェクトが自分や周囲の人にとって重要だと思うのはなぜなのか？　こういった質問の答えを、簡単な文章で書き出してください。すでに取り組んでいるプロジェクトでもいいですし、またはこれから取り組む予定のプロジェクトでもOKです。

STEP 4　人生のレビュー

自己ストーリー分析の基本的な作業は以上です。最後に、書き出した自分の人生を見返してレビューを行いましょう。次の質問について考えてみてください。

Q1　自分の過去と未来の希望には、なんらかの一貫したテーマがないだろうか？

例　「自分は他人を喜ばせたい気持ちが強く、身近な人が幸福になったときにポジティブな気持ちになるようだ」

Q2 自分の過去と未来の希望を見て、一定したパターンはないだろうか？

例 「どうやら自分は、『楽をしたい』という気持ちで行動したときほど、あとでヒドいトラブルに巻き込まれることが多いようだ」

Q3 自分の過去と未来の希望を見たときに、自分のことをどのような人間だと考えられるだろうか？

例 「基本的には悪い人間ではないと思うが、少しズルいところがあり、追いつめられると二枚舌が出てしまうことが多い」

「自己ストーリー分析」の技法は以上です。かなりボリュームの大きいトレーニングですが、「自分はどのような人間だろうか？」という問題をこれほど深く掘り下げられるテクニックも他にありません。

この手法を最後まで実践すると、たいていの人は「**自分の人生にはいろいろな出来事があり、そこには数々の幸運や不運があり、予想もしなかった人たちとのつながりがあったのだ**」**といったような深い感覚が生まれる**ようです。そして、この「人生は運と出会いの連続だ」との実感が、あなたのなかに謙虚な気持ちを育て、最終的には知的謙遜の態度へつながっていくのです。1〜2日ほどまとまった時間を作り、自己の物語を分析してみてください。

CHAPTER

08

他者の知的謙遜を育てるための「ソクラテス式問答」

他者の客観性を鍛えるにはどうすればいいのか？

ここまでの章では、あなた自身への自己理解を深め、そこからさらに自分の知識の限界を知るための方法を紹介してきました。すべてをやり通すのは大変でしょうが、いくつかのポイントを意識しながら暮らすだけでも、確実にあなたの「客観力」は高まっていくはずです。

しかし読者の皆さまのなかには、「他人の客観性をトレーニングできたらいいのに」といった希望をお持ちの方も少なくないでしょう。

自分の考えを何も疑わずに仕事を進めてしまう部下、思い込みだけで行動して失敗ばかりする友人、こちらの話を聞かずに勝手な行動をとる子供など、「この人がもっと幅広い視野を持っていれば……」と感じられるような場面は意外と多いものです。

そこでこの最終章では、**自分ではなく「他者」にフォーカスし、あなたの周囲の人たちに「自己省察」と「知的謙遜」の2つをうながす手法について見ていきます**。もちろん他人の行動をコントロールするのは簡単な作業ではありませんが、成功したときのメリットは計り知れません。もし周囲に主観や思い込みだけで行動する困った人がいれば、本章は大いに参考になるでしょう。

まずは相手のナルシスト度をチェック！

他者の客観性をうながすうえで、まずやっていただきたいのが相手のナルシスト度をチェックすることです。

この人はどれぐらい自分の能力を過信しているのか？　どれぐらい自分のことが好きなのか？　自分のことを偉大だと思っているのか？

このようなポイントをあらかじめ調べておき、具体的な対策につなげていくわけです。

最初にこの作業が必要なのは、**「客観性がない人」たちには総じてナルシストが多い**からです。それもそのはずで、**「自分の能力は他人よりも高い」や「私の考え方には間違いがない」などと常に思い込んでいたら、客観的な視点が育つはずはありません。**実際は本人の力ではどうにもならない問題なのに「俺なら大丈夫」と思い込んだり、「俺の判断は確実だ」と考えて他人の意見をまともに聞かなかったりと、このように客観性を欠いた行動の根っこには、かなりの確率で「自己愛」の問題がひそんでいるわけです。

それでは、実際に相手のナルシスト度を調べてみましょう。ここで使ってほしいのは「自己愛人格尺度」という質問集です。昔から心理学の研究で使われてきた定番の質問で、診断法としてはもっとも精度が高い内容と言えるでしょう。

以下の質問のなかから、いくつかを相手にぶつけてみてください。

Q1 周囲から優秀だと言われることが多い？ それとも、他人からほめられると恥ずかしい気分になる？

Q2 注目の中心にいたいタイプ？ それとも、集団のなかに混ざりたいタイプ？

Q3 自分を特別な人間だと思う？ それとも、自分は優秀でも無能でもないと思う？

Q4 他人より権威を持つのが好き？ それとも、他人の指示を受けることは気にならない？

Q5 他人を操作するのは簡単だと思う？ それとも、他人を操作するのは好きではない？

Q6　自分が活躍したことには尊敬してもらうのが当たり前だと思う？　それとも、いつもちゃんとした敬意を受けていると思う？

Q7　チャンスを見て自分を誇示するのが得意？　それとも、自分を誇示しないように気をつけている？

Q8　自分がやっていることを常に理解していると思う？　それとも、ときどき自分が何をしているかがわからなくなることがある？

Q9　みんなは自分の話を聞くのが好きだと感じる？　それとも、自分は時々よいことを言うことがあると感じている？

Q10　他人がいい話を持ってくることを期待している？　それとも、他人のために何かをするのが好き？

Q11　みんなから注意を集めるのが好き？　それとも、注意が集まると居心地が悪い気分になる？

Q12　自分には権威があると感じられる？　それとも、なんらかの権威であることにあまり意味を感じないタイプ？

Q13 自分のことを偉大な人間になるだろうと思う？　それとも、いつか成功できればいいぐらいに思っている？

Q14 周囲の人間に自分の言うことを信じさせる力があると思う？　それとも、周囲の人間はたまに自分が言ったことを信じてくれるぐらいに思っている？

Q15 私は他人よりも有能だと感じている？　それとも、他人からは学ぶことが多いと感じている？

Q16 自分は並外れた人間だと感じている？　それとも、自分は他人と同じ面が多いと感じている？

説明するまでもないでしょうが、すべての質問は、**前半の文章に賛成する人ほどナルシスト度が高いと判断できます。逆に、「それとも〜」の次に連なる文章に賛成する人のナルシシズムは低め**です。

誰か客観性を身につけてほしい人物がいたら、これらの質問をぶつけてみてください。できればすべての質問に答えてもらったほうが正確性は高くなりますが、難しければ3〜4問を投げかけて反応を見てみましょう。

もしかしたら、「このような質問に正直に答えてくれるものなのか？　自分のナルシシズムを隠そうとするのでは？」と思った方もいるかもしれませんが心配はいりません。**過去の研究により、自己愛が強い人は自分のナルシシズムを隠さない**ことがわかっているからです。

例えば、自己愛の問題にくわしい心理学者のブラッド・ブッシュマンは、こうコメントしています。

「ナルシストは、自分がナルシストであることに自信を持っている。彼らは自分のことを他人より優れていると信じているし、その気持ちを語ることにためらいを覚えない。ナルシシズムを否定的に考えていないので、直に質問しても問題ないのだ」

ナルシストは自分の能力に自信があり、その事実を当たり前だと感じているため、ストレートな質問にも包み隠さず答えてくれるわけです。

ちなみに、ここで紹介した「自己愛人格尺度」は、自分のナルシスト度をチェックするためにも使えます。その際は、以下のように自己採点してください。

1「全16問のうち、文章の前半に賛成できる質問はいくつあるだろうか？」と考えて、賛成できる質問の数を数える

2 賛成できた質問の合計数を16で割る（例えば、16問のうち「文章の前半に賛成できる質問」が８つあったなら、「８÷16」で答えは０・５になります）

もし最終的に**出た数字が「０・７以上」であれば、あなたのナルシシズム度はかなり高い**と考えられます。他方で、**最終的な数字が「０・５以下」だった場合は、自己愛レベルは健全だと判断していい**でしょう。自分がナルシシズムに飲み込まれていないかどうか、定期的にチェックをしてみてください。

「ソクラテス式問答」で相手の思考を誘導する

相手のナルシスト度がわかったところで、実際に他者を「知的謙遜」に導くためのテクニックを見ていきましょう。ここで紹介するのは、「ソクラテス式問答」という会話のテク

ニックです。

名前からわかるとおり、古代ギリシアの哲学者ソクラテスが編み出した手法で、そのポイントをひとことでまとめれば「質問を使って、相手に深い思考を誘導する会話術」のようになります。「このような考え方が正しいのでは？」とこちらから指摘するのではなく、相手が自分の力で正しい答えにたどりつくように、会話の流れを意識的にコントロールするわけです。

当たり前ですが、「知的謙遜」のレベルが低い人は、もし間違った知識や考えを持っていても、簡単には態度を変えてくれません。**「自分の言うことは常に正しい」という感覚が強いせいで、他人から「それは間違いだ」と指摘されるほど、意固地になってしまう**からです。他人の誤りを指摘したら相手から怒られてしまったり、相手の態度が逆に硬くなってしまったりといった体験は誰にでもあるでしょう。

しかし、「ソクラテス式問答」を使うと、この問題を解決しやすくなります。**「他人の指摘で間違いに気づいたのではなく、あくまで自分の力で理解したのだ」という気持ちが生まれるため、他人から指摘されるよりも自己の誤りを素直に受け入れやすくなる**からです。

事実、「ソクラテス式問答」の効果は広く認められており、学問の世界だけでなく、大企業の社員研修に使われたり、鬱病《うつびょう》の治療などにも応用されたりと、知的謙遜を高める効果が高いテクニックとして一定の評価を得ています。誰か自分の間違いを素直に認めてくれない人がいたら、意識して使ってみてください。

「ソクラテス式問答」で使う7つの質問

それでは、具体的に「ソクラテス式問答」を使っていきましょう。この手法は、7種類の質問で構成されています。

Q1 明確化の質問 ― 相手の考え方や知識の境界線を、よりハッキリさせるために使う質問です。

例

「○○とはどういう意味ですか？」「もっと別の言い方をしてもらえませんか？」「主な問題はなんだと思われますか？」「なにか具体的な事例を教えていただけませんか？」「そのポイントをさらに広げるとどうなりますか？」

Q2

初期設定の質問　―　なんらかの議論が起きた場合に、まずはじめに聞いておくべき質問です。議論の方向性をクリアにするために使います。

例

「この問題はなぜ重要だと思いますか？」「この問題は解決が簡単ですか？　それとも難しいですか？　なぜそのように思うのですか？」「この問題について、どのような仮定が考えられると思いますか？」「この問題は、他の重要な問題やトピックとなんらかの関係がありますか？」

Q3

前提の質問――その問題について、相手がどのような前提を持っているのかを掘り下げるための質問です。

例

「この問題についてわかっていないことはなんでしょうか？」「なぜこのような仮定をするのでしょうか？」「〇〇という考え方には、どのような仮定があるのでしょうか？」「いまの考え方の代わりに、何を想定できるでしょうか？」「あなたは〇〇と仮定しているように見えるのですが、この理解で正しいでしょうか？」

Q4

証拠の質問――その問題について、相手が持っているエビデンスや知識のレベルがどれぐらい正しいのかを確かめるための質問です。

例

「いまの答えを事実だと考えた理由はなんだと思いますか？」「他に必要な情報はあると思いますか？」「どうやってその結論に達したのかを、もう少しくわしく説明していただいていいですか？」「その考えた証拠を疑う理由は考えられませんか？」「どのような理由であなたはその考え方を持つようになったのですか？」

Q5

影響の質問 ― その問題について、相手が主張する証拠や意見がどこから来たものなのかを確かめるための質問です。

例

これはあなた自身の考え方ですか、それともどこか他の場所から聞いたものですか？　あなたの意見に影響を与えた人やメディアはありますか？　どうやってその考えに至ったのですか？　あなたがそう感じた理由はなんですか？

Q6

視点の質問 ― その問題について、第三者の視点を使いながら考え直してみるための質問です。

例

「他の人やグループはこの質問にどう答えるでしょうか？　そう答えると思ったのはなぜでしょうか？」「もし○○さんが反論して来たら、どう答えることができるでしょうか？」「○○という考え方を抱いている人はどのように思うでしょうか？」「代替案は考えられるでしょうか？」「○○と○○のアイデアには似ているところがあるでしょうか？　または違うところがあるでしょうか？」

Q7

結果の質問 — その問題について、いまのアイデアはどのような結果をもたらしそうかを確かめるための質問です。

例

「いまのアイデアや考え方にはどのような効果がありますか?」「そのアイデアがうまくいく確率はどれぐらいだと思いますか?」「その考え方がうまくいかなかった場合の代替案は何があるでしょうか?」「あなたはどのような結果を予想しているのですか?」「もしあなたの主張が現実のものになったら、結果として他に何が起こると思いますか? そう思う理由はなんですか?」

「ソクラテス式問答」の基本的な質問は以上です。**状況に応じてこれらの質問を重ねていくと、相手は自然な流れで問題の理解を深めていき、最終的に自らの「無知」や「間違い」に気づきやすくなります**。

もちろん、それで相手が確実に「知的謙遜」の態度を身につけるとは限りませんが、現時点で「わかっていること」と「わかっていないこと」の区別を把握するだけでも、格段に正しい答えに近づいていくでしょう。

教師と生徒で「ソクラテス式問答」を使ったらどうなる？

といっても「ソクラテス式問答」を自由に使いこなすのは難しいので、実際の会話例を見てみましょう。以下のダイアローグは、学校の先生が生徒たちに「地球温暖化」の理解を深めるために「ソクラテス式問答」を使った例になります。

先生　ここ数年、地球の気候はどうなっていますか？　なにか変化がありましたか？

生徒A　暖かくなってきました。

先生　暖かくなっていると判断した理由はなぜですか？（**影響の質問**）あなたの答えを裏づける証拠は何ですか？（**証拠の質問**）

生徒A　よくニュースで流れていて、いつも地球の気温は以前ほど寒くないと言っています。それに、今年は記録的な猛暑日が続いています。

先生　他にこのようなニュースを聞いたことがある人はいますか？（**視点の質問**）

生徒B　はい、新聞で読んだことがあります。そこでは「地球温暖化」という言葉が使われていました。

先生　「地球温暖化」に関する見解は、その記事を書いた人の意見ですか？　それとも誰かの意見から学んだのでしょうか？（**明確化の質問**）　あなたたちは「地球温暖化」が本当に起きていることだと思いますか？（**前提の質問**）

生徒C　記事を書いた人は、その問題を研究している科学者からそれを聞いていると思います。科学者が北極の氷が溶けていると話すのを聞いたことがあります。

先生　「地球温暖化」が科学者たちの意見なのだとしたら、科学者たちはどうやってそれを事実だと判断したのですか？

生徒A　気候を測定する装置があるので、それで地球の温度を測る研究を行っているのだと思います。

先生　地球の温度が変わっている理由には何が考えられますか？（**初期設定の質問**）

生徒C　大気汚染ではないでしょうか？

先生　大気汚染が原因で気温が上がるとはどういうことですか？（**明確化の質問**）

ご覧のとおり、**この先生は、生徒たちに明確な知識を1回も伝えておらず、ただひたすら質問を投げかけているだけです。しかし、「ソクラテス式問答」をくり返すことで、生徒たちは「自分は地球温暖化についてこれぐらい知っているのだ」「まだよくわからないポイントはここだ」といった知識の境界線が明確になります。**その結果として「知的謙遜」の気持ちが生まれ、「地球温暖化」への学習意欲もアップしていくわけです。

上司と部下で「ソクラテス式問答」を使ったらどうなる？

先の例では、生徒の学習効果を高めるために「ソクラテス式問答」を使いましたが、このテクニックは、他者に問題点を気づかせるために使うこともできます。続いては、ある会社でくり広げられた上司と部下の実例をご紹介しましょう。

部下　今度、大きなプレゼンがあるんですよね。前回のプレゼンは成績がイマイチだったので心配で……。

上司　具体的に、この間のプレゼンはどこが問題だったんだろう？**（仮定の質問）**

部下　そうですね、全体的な話の流れがうまくつながっていなかったです。

上司　その結論にはどうやってたどりついたのかな？　自分だけで考えたのかな？　それとも誰かの意見かな？**（証拠の質問）**

部下　先輩から教わったＳＷＯＴ分析を試してみて、自分でそう思いました。

上司　その方法は、プレゼンの失敗を分析するのに役立ったと思うかな？

部下　まぁ自社プロダクトの強みをつかむためには使えたと思います。

上司　他に試してみると良さそうな分析のテクニックはないかな？

部下　えーと、ヒエラルキー分析なんかはいいかもしれませんね。

上司　ヒエラルキー分析がいいと考えた理由は何かな？

部下　あれは問題の優先順位をハッキリさせるのに向いているので、議論の流れを見直すには良い気がしますね。

この事例でも、上司は部下に直接的なアドバイスを与えるわけではなく、あくまで質問だけで思考を深めさせるように誘導しています。

ここでいきなり「ヒエラルキー分析を使ってみたら？」と切り出してしまったら、確かに部下は指示に従うかもしれませんが、実際の効果はあまり期待できません。部下のなかでは「なぜ新しい分析法を使うべきなのか？」という思考が深まっていないため、いまいち納得できないまま分析を行うことになるからです。

母と娘で「ソクラテス式問答」を使ったらどうなる？

ソクラテス式問答の応用範囲は**学習や仕事の場面だけにとどまらず、心理療法の世界では人間関係の問題を解決するためにも使われます**。最後の事例として、対人関係に悩む相手に「ソクラテス式問答」を使う方法も見ておきましょう。

以下のダイアローグは、ある母親が、友人とケンカしたことに悩む娘に「ソクラテス式問答」を使った例です。

母　友人とのケンカを思い出すのはまだつらい？

娘　彼女には本当に傷つけられたけど、それは去年のことだから……。

母　あの子が怒るようなことを何かしたの？

娘　何もないよ。彼氏と過ごす時間が増えたから、ちょっと嫉妬したのかも。

母　そのことで、どうしてあの子が怒ったと思うの？

娘　……どうだろう。私に見捨てられたと思ったのかも。

母　それが彼女の気持ちだとどうして思ったの？

娘 本当に怒ったように見えたし、私のヒドい噂話をしているのを聞いちゃった。
母 それを知ったときどう感じたの？ まだ彼女を親友だと思ってる？
娘 それはさっき言ったでしょ。まだ親友だとは思ってるよ。
母 彼女を親友だと思えるのはどのようなところなの？
娘 一緒にいると楽しいから。
母 ということは、親友の条件は「楽しい人」ってこと？
娘 まだあるかなぁ。
母 例えば？
娘 信頼できる人とか。
母 彼女のことは信頼できると思う？

このように、**質問を使って相手の気持ちを掘り下げていく**のも「ソクラテス式問答」の代表的な使い方です。

もちろん、これで必ずしも問題が解決するとは限りませんが、母親が「ケンカなんかしてないで仲良くしなさい！」と頭ごなしに叱りつけるよりは、確実に事態はうまく進むでしょう。「ソクラテス式問答」のおかげで娘のなかに客観性が生まれ、「よく考えたら、彼女ほど親友の定義に当てはまる人はいないな……」といった思考が生まれやすくなるからです。

「ソクラテス式問答」の具体的な使い方をいくつか見てきましたが、このような会話法を急に日常的に使える人は少ないでしょう。スピーディな解決が求められる現代では、ついつい相手に直接的な答えを伝えてしまったり、わかりやすい指示を出してしまったりと、簡単な手段を使う方向に流されがちだからです。

普段の他愛のない会話に「ソクラテス式問答」を忍ばせる

しかし、このやり方では相手のなかに強制されたような感覚が生まれ、客観的な視点が育ちにくくなるのはすでに説明したとおり。**ダイレクトにアドバイスしたくなる気持ちをグッと抑えて、「ソクラテス式問答」で相手を誘導したほうが長期的には成功につながりやすくなります。**

そのためにもオススメなのは、日常会話で「ソクラテス式問答」をトレーニングしてみることです。友人との雑談、部下とのいつもの打ち合わせ、親族との何気ない会話など、普段のすべてのコミュニケーションのなかに、こっそりと「ソクラテス式問答」の質問を忍ばせていくのです。

例えば、友人との雑談でトレーニングをするなら、こんな感じになるでしょう。

友人　こないだゴルフに行ったんだけど、ボロボロだったなぁ
自分　スコアはどうだったの？
友人　いやー、120を切れなくてさぁ。いつもは100ぐらいなんだけど
自分　それは何が原因なんだろうねぇ？
友人　うーん、謎だなぁ。体調が悪かったわけでもないし……
自分　いままでのラウンドと比べて、違うところはどこだろうか？

このように、いつもの他愛のない会話に「ソクラテス式問答」の質問を忍ばせるわけです。**これならコミュニケーションのすべてを「ソクラテス式問答」のトレーニング場として使える**でしょう。

かくいう私も日常的に「ソクラテス式問答」を使うように意識しており、できるだけ相手の思考をうながすように心がけています。実際にやってみると、話が思わぬ方向に転がっていくことが多く、単純なあいづちを打つよりも深いコミュニケーションになるケースも珍しくありません。もっとも、「ソクラテス式問答」のことを知っている相手と話をしていると、「いまトレーニングしてない？」などと見抜かれてしまうこともありますが（笑）。

いずれにせよ、**他者に客観的な視点をうながすのが目的なら、「ソクラテス式問答」ほど使えるテクニックはありません**。日ごろからトレーニングを心がけて、いざという場面で使いこなせるようにしておくといいでしょう。

8章にわたり、「客観力」を身に付ける技を紹介してきましたが、難しいと思われた方もいらしたのではないでしょうか？　しかし皆さんは、**自分を知るための『自己省察の力』と自分を継続的に成長させるための『知的謙遜の力』という二つの力を手に入れた**ことになります。そしてこの力が、多くの方の人生に大きなプラスとして働く知識であることを理解したはずです。「超客観力」でムダに悩まない理想の人生をコントロールしてください。

参考文献

- Tangney, J. P. (2000). Humility: Theoretical perspectives, empirical findings and directions for future research.
- Krumrei-Mancuso, E. J., & Rouse, S. V. (2016). The development and validation of the Comprehensive Intellectual Humility Scale.
- Meghan Laslocky (2014)How to Stop Attachment Insecurity from Ruining Your Love Life
- Christine Porath(2016)Mastering Civility: A Manifesto for the Workplace
- June Price Tangney(2000)Humility: Theoretical Perspectives, Empirical Findings and Directions for Future Research
- Shane Snow et al.(2018)Cognitive and interpersonal features of intellectual humility
- Saga Briggs(2016)Four ways to teach intellectual humility to students
- Vicki Zakrzewski (2016) How Humility Will Make You the Greatest Person Ever
- It's so hard to be humble. Here are three tips for taming your ego.
- Igor Grossmann, Tanja M. Gerlach, Jaap J. A. Denissen (2016)Wise Reasoning in the Face of Everyday Life Challenges
- Justin P. Brienza and Igor Grossmann (2017)Social class and wise reasoning about interpersonal conflicts across regions, persons and situations
- Alex C. Huynh, Harrison Oakes, Garrett R. Shay (2017)The Wisdom in Virtue: Pursuit of Virtue Predicts Wise Reasoning About Personal Conflicts
- Thomas L. Friedman(2014)How to Get a Job at Google
- Mark R. Leary, Kate J. Diebels, Erin K. Davisson (2017)Cognitive and Interpersonal Features of Intellectual Humility
- W. R. Miller et al. (2001)Personal values card sort. Albuquerque: University of New Mexico
- E.K. Strong, Jr(2004)Strong Interest Inventory test
- Daniel R. Ames et al.The NPI-16 as a short measure of narcissism
- Trapnell PD, Campbell JD.(1999)Private self-consciousness and the five-factor model of personality: distinguishing rumination from reflection.
- T Eurich(2018)What self-awareness really is (and how to cultivate it)
- Daryl R. Van Tongeren, Don E. Davis, Joshua N. Hook, Charlotte vanOyen Witvliet(2049)Humility
- Noora J.RonkainenTatiana V.RybaHarriSelänne(2019)“She is where I’d want to be in my career”: Youth athletes’ role models and their implications for career and identity construction
- Harvard Business Review(2018)Self-Awareness (HBR Emotional Intelligence Series)
- Tasha Eurich (2017)Insight: The Surprising Truth About How Others See Us, How We See Ourselves, and Why the Answers Matter More Than We Think
- ラズロ・ボック(2015)ワーク・ルールズ！―君の生き方とリーダーシップを変える
- ターシャ・ユーリック(2019)insight(インサイト)――いまの自分を正しく知り、仕事と人生を劇的に変える自己認識の力
- 金森誠也(2008)心に突き刺さるショーペンハウアーの言葉

ムダに悩まない理想の自分になれる

超客観力

2020年4月21日　第1刷発行

著者　メンタリスト DaiGo

編集協力　鈴木 祐
イラスト　南姫（なみ）

編集人　江川 淳子、諏訪部 伸一、野呂 志帆
発行人　諏訪部 貴伸
発行所　repicbook（リピックブック）株式会社
〒353-0004　埼玉県志木市本町5-11-8
TEL　048-476-1877
FAX　03-6740-6022
https://repicbook.com
印刷・製本　株式会社シナノパブリッシングプレス

　ISBN978-4-908154-23-2